D1533076

# EL FUTURO ES
# MUJER

## Nueve puertas que abren las mujeres con estrella

TATI ORTIZ MONASTERIO

# EL FUTURO ES
# MUJER

### Nueve puertas que abren las
### mujeres con estrella

Diseño de portada: Ramón Navarro
Fotografía de portada: Blanca Charolet
Diseño de interiores: Ramón Navarro

© 2018, Tati Ortiz Monasterio

Derechos reservados

© 2018, Editorial Planeta Mexicana, S.A. de C.V.
Bajo el sello editorial DIANA M.R.
Avenida Presidente Masarik núm. 111, Piso 2
Colonia Polanco V Sección
Delegación Miguel Hidalgo
C.P. 11560, Ciudad de México
www.planetadelibros.com.mx

Primera edición en formato epub: mayo de 2018
ISBN: 978-607-07-4870-7

Primera edición impresa en México: mayo de 2018
ISBN: 978-607-07-4872-1

Impreso en los talleres de Litográfica Ingramex, S.A. de C.V.
Centeno núm. 162-1, colonia Granjas Esmeralda, Ciudad de México
Impreso y hecho en México – *Printed and made in Mexico*

*Para Andy*

# Índice

# ¿Por qué me interesa que lean este libro?

 doro compartir lo que aprendo en mi transitar por la vida, para vivir de una manera más práctica y poder tener tiempo para realizar lo que más me gusta hacer: ser creativa, volverme esa mujer productiva que me brinda independencia económica, tener una existencia más consciente de mí misma y que me acerca todos los días a una meta... **ser más feliz.**

Ustedes y yo vamos a viajar juntas durante el proceso de transformación que este libro provocará en sus vidas. Por esa razón, me siento obligada a que sepan muchísimo más sobre mí que una simple frase: *Tati es una apasionada por las mujeres que busca inspirarlas a ser siempre mejores, objetivo que ella persigue todos los días para sí misma.* Si bien lo anterior me define de manera acertada, puntualiza más el resultado de lo que hoy soy y no la aventura que ha implicado llegar hasta aquí.

Pongámonos tantito intensas y profundas, ¿saben por qué? Porque es también parte de la vida cuestionarnos, no entender y desafiar todas las reglas pragmáticas del orden universal para sentarnos y preguntarnos: ¿cuál es el sentido de mi existencia?, ¿cuál es el propósito de mi vida?, o en otras palabras... ¿por qué demonios estoy aquí?

Durante miles de años, miles de millones de individuos han depositado cientos de respuestas para arrojar certezas a las preguntas más reflexivas que los seres humanos nos podemos hacer. Desde estas, hemos reflexionado respecto al sentido de nuestra existencia. Religión, filosofía, ciencia o magia, no importa. Lo que importa es el común denominador de cuestionar nuestro existir.

**El solo hecho de que hayan decidido leer este libro habla de que son mujeres curiosas, inquietas e informadas quienes desean escalar en su desarrollo personal para convertirse en mujeres entusiastas que saben cómo hacer de esta la mejor de las vidas.** Estoy segura de que ninguna de ustedes dejaría en manos de un ser superior, de la magia o de los más prominentes científicos su capacidad para dejar huella, esperando despertar un día felices, iluminadas y con un sentido de vida claro. Eso no pasa. Hay que buscarlo, trabajarlo, alcanzarlo... y yo estaré a su lado para conseguirlo.

## ¿QUIÉN SOY?

Tati Ortiz Monasterio, vivo en paz, realizada, contenta y gozo la vida.

Nací en la Ciudad de México un cinco de febrero. Se cuenta que mi madre festejaba su cumpleaños número 28, en casa con amigos, y con una panza gigante que me albergaba cómodamente. Los médicos habían estimado que daría a luz unas semanas más tarde. Las risas y carcajadas de felicidad de mi mamá en su fiesta desataron una inusual condición respiratoria en el embarazo que provoca no poder parar de reír. Mi padre la llevó al hospital riendo y riendo y así nací… Nací de risa.

Tengo tres hermanos: Valentina, la jefa; Fernando, mi otra mitad, y Catalina, mi princesita. Fui educada bajo una visión liberal y laica del mundo, en donde reinó siempre la cultura del esfuerzo. Fui al Colegio Madrid, escuela de refugiados españoles que marcó, a mucha honra, mi apertura a la diversidad y a una mente libre. Terminé los estudios y a mis 17, viajé con una mochila al hombro durante un año para conocer el viejo continente. Más que nada, aprendí cuán encantadora puede ser la vida independiente y autónoma en la que una toma, por primera vez, decisión tras decisión de manera que comienza a tener un sentido importante de responsabilidad.

Estudié Comunicación en la Universidad Iberoamericana donde, dicho sea de paso, aprendí muy poco. Desde luego que no se lo adjudico para nada a la buena universidad, sino a mi consistente título de mala estudiante. Además, mi inquietud por el trabajo fue otro factor que contribuyó a la lista de faltas a mis clases porque, a unas cuantas semanas de iniciar mi carrera, descubrí los esplendores del empleo.

Mis primeras colaboraciones fueron en cine y publicidad. Si necesitaban una maquillista, yo me disfrazaba de maquillista; si se requería vestuarista, ahí estaba su servidora con la ropa de sus hermanos lista para rentarla; editora, iluminadora, extra, asistente de todos y más. Escalé hasta producir mis propios proyectos, por lo general inspirados en la mujer. Desde ese momento, surgió la admiración por mi género.

Me casé. Me divorcié.

Mi espíritu multiapasionado me llevó a experimentar otra de mis inclinaciones: la joyería y el diseño. Lo estudié todo en torno a ello y trabajé explorando mi capacidad manual con metales y piedras; fue fabuloso. Mi fascinación por los diamantes y las perlas me llevó a certificarme como valuadora por el *Gemological Institute of America*. Casé a 67 hombres haciéndoles sus anillos de compromiso. Lo más valioso fue haberlos entrevistado a todos, y saciar mi inquietud por descifrar sus mentes en mi secreta investigación antropológica del género.

Me casé. Tuve a mi hijo. Me divorcié.

Posteriormente otra puerta se abrió, otra pasión a desarrollar: la del buen comer. Recetas, plataformas digitales de gastronomía, y algunas fascinaciones y debilidades que tengo por la cocina.

Mi insaciable búsqueda por realizar en esta vida todo lo que quiero, me hizo emprender mi siguiente negocio: una heladería, ¡la mejor! Una aventura extraordinaria de mucho aprendizaje empresarial, y la satisfacción inmensa de poder generar sonrisas a través de uno de mis máximos y dulces placeres.

Amo ser mamá, me hace sentir bien hacer ejercicio, medito, tomo vino blanco a la menor provocación. Adoro comer con mis amigos, amo leer, me gusta jugar tenis y velear. Si pudiera hacer colchas diario, las haría.

Mi causa es APAC (Asociación pro personas con parálisis cerebral), que fundó mi familia hace más de 40 años.

Y siempre... siempre, trato de estar cerca de las mujeres.

TatiOrtizMonasterio.com

Esa soy yo.

## Automotivada

Tengo un compromiso conmigo misma y con las mujeres que me rodean de compartir las herramientas que me han hecho ser una mujer que vive automotivada, porque ese es el secreto para vivir dichosas y con estrella.

El camino no ha sido fácil. Leer este resumen suena bien, pero la cantidad de adversidades que he tenido que enfrentar ha sido importante. Siempre pensé que en la escuela deberían de ser obligatorias las clases sobre cómo ser feliz; pero, lejos de ello, percibo desmotivación y confusión general respecto a cómo conseguirlo.

Muchos de mis logros emergen de un sitio poco deseable, el del dolor: la opresión, la desorientación, la falta de confianza en mí misma, el miedo, la frustración, el pánico, la sumisión, la pérdida, los golpes y el sacrificio.

Me prometí que un buen día hablaría al respecto, con el fin de evitarle muchos malos ratos y dolor a las mujeres, porque hoy entiendo que el camino debe ser distinto.

Transformarnos desde el dolor es viable, sí, pero es un camino lento e innecesario.Por otro lado, cambiar desde la conciencia es mucho más veloz, armonioso y, desde luego, pacífico.

Quisiera lograr que no sea el daño el que nos motive a empoderarnos, que no sea el pesar el que nos orille a tomar decisiones, que no sea el suplicio el que nos libere. Hay tantas otras opciones...

Quizá lo más relevante que deben saber es que soy muy diferente a la Tati de hace unos años. Hoy soy una mujer más plena, más productiva, más fuerte, más comprometida y más sana. Hoy yo controlo mi vida y la manera en la que cada día quiero vivirla.

Nada de lo que hizo que mi vida se transformara hacia un mejor lugar lo inventé yo. Soy, a muchisísisisisima honra, el producto de la práctica de cientos de teorías, de miles de horas de conversación con personas sabias.

Desafortunadamente no he podido conocer a la mayoría de mis grandes maestros en el camino a este bienestar, pues unos vivieron en Grecia algunos siglos antes de Cristo, como mi querido Aristóteles, mi adorado Sócrates o el buen Platón. Otros en Alemania entre los siglos XVII y XIX, como Nietzsche o Kant, con quienes felizmente me hubiera sentado a platicar horas y horas; o de plano mis grandes mentores, que aún siguen vivos, pero que nomás no he logrado contactar por sus apretadísimas agendas, como Tal Ben-Shahar, Alain de Botton o Robert Waldinger.

Los mentores a los que sí he tenido el gusto de conocer no saben que son mis mentores, que los observo, los admiro y me inspiran a ser mejor persona. Estoy hecha de la madurez que les he extraído a las personas más sabias que tengo a mi alrededor sin que se den cuenta; les he hurtado su mejor aportación al mundo, y he tenido la perspicacia para guardar todo eso en un rinconcito especial en mi cabeza que tengo muy a la mano para cuando lo necesito.

Muchas maestras de vida se esconden detrás de mujeres desconocidas en las filas del banco, parientes de parientes con sabiduría infinita, empresarias monstruosas, líderes guerreras y luchonas de a pie que salen adelante y a cada paso que dan mueven montañas.

Trato, en la medida de lo posible, de saciar mi voracidad de llegar más pronto que tarde a aquella fórmula mágica que soñaba de niña para lograr la felicidad; a veces traviesa y otras privilegiada, pero siempre luchando por ver el mundo desde una mejor perspectiva y con un mejor ángulo.

Creo que la información es un atajo hacia la meta, y este libro tiene mucho que ver con ello. Mi entusiasmo por darles atajos es enorme. **Mi deseo de ver mujeres contentas es un gran motor.** Mi trabajo, este cúmulo de contenido, surge de mi gran anhelo de que puedan alcanzar en muy poco tiempo el tan placentero control sobre sus propias vidas.

Han sido tantos los años de aprendizaje y de absorción de técnicas, métodos y estrategias que benefician la vida de las personas que no tengo claro quién y cuándo me brindó tal o cual conocimiento, pues creo en el aprendizaje lento y constante como un proceso de la propia vida feliz o, como dicen por ahí, en aprender sin prisa pero sin pausa.

Estamos en este mundo por una razón, pero nos mandaron sin manual ni instrucciones, y es nuestra responsabilidad descifrarlo. Nadie nos cuenta cómo tener relaciones sanas; nadie nos explica lo que son las emociones y sus efectos secundarios, ni mucho menos cómo trabajarlas; no sabemos ni a qué vinimos y desde luego no tenemos mapa ni dirección. La vida podría transcurrir entera sin percatarnos, o sin siquiera ser conscientes, de nuestros actos, dolores o alegrías.

Es bastante fácil perder el camino si no estamos conectadas con nosotras mismas y no tomamos las riendas de nuestras vidas para tener la capacidad y la libertad de tomar nuestras propias decisiones, las que nos acercan a ser quienes queremos ser, las que se toman con conciencia.

*Este libro es un manual para mujeres. En él se dice lo que nadie nos dijo y su finalidad es que sean felices, que aprendan a conectarse con ustedes y que usen esta conexión como la gran herramienta de paz mental. Que aprendan a vincularse con el mundo que las rodea de la manera más bonita y más sencilla. Este libro está hecho para que anden sonrientes por la vida. Los problemas no desaparecen con él, pero los entendemos desde un lugar mucho más comprensible y más claro, desde el cual todo es más fácil de afrontar y resolver.*

Este libro está concebido para que lo usen como una herramienta de inspiración, para que en aquellos momentos en que tengan el rumbo perdido o la motivación desvanecida, sepan que aquí tienen siempre un compendio de buenas noticias, una guía para retomar con energía y entusiasmo la senda, un manifiesto que les recuerde siempre, siempre que no están solas y que, por el solo hecho de ser mujeres y tener este libro en sus manos, forman parte de una comunidad que navega con un estandarte claro y firme.

*Las mujeres debemos tener un pacto de solidaridad y apoyo para crecer juntas, en las buenas y en las malas, y siempre ayudándonos a ser mejores las unas a las otras.*

**Es la era de las mujeres,** y el mundo necesita mujeres felices, mujeres contentas, mujeres que hacen lo que más les gusta hacer y que se sienten realizadas por hacerlo, mujeres que ganan el dinero que se merecen, mujeres sonriendo, mujeres seguras y mujeres llenas de confianza.

Llegó el momento de frenar abusos, de acabar con la brecha del género, de no ser mártires ni víctimas. El tiempo llegó, está aquí, y nuestra responsabilidad es poner manos a la obra y vivir la vida a nuestro antojo, de aprovechando lo que ella nos está regalando.

Regresemos a nuestro centro, donde reinan nuestros valores más profundos y quedan fuera los de los demás; sanemos heridas, encontremos nuestro propósito, dejemos atrás la tristeza y la soledad, y vivamos la vida más auténtica, más radiante y más enriquecedora que podamos imaginar.

Es el momento de estar más unidas que nunca. Es ahora. El mundo nos necesita; escuchemos lo que nos está pidiendo.

El libro que tienes en tus manos es alquimia, es la aleación de diversas acciones que desembocan en el encuentro con el poder que todas llevamos dentro. Un conglomerado de pequeñas piezas que he tomado de lo que conforma la vida, de personas, de experiencias y de vivencias que cuando una elige vivirlas con consciencia o poniendo atención, puede acomodar mucho mejor. Y claro, en mi afán de ser ordenada, he ido almacenando en cajones mentales todos los pedacitos de enseñanzas, encuentros, pérdidas, reencuentros, éxitos, fracasos, caídas, levantadas, risas y llantos de una manera tan bien estructurada que me permitiera encontrar fácilmente mis nuevas capacidades para ser más tolerante, más comprensiva, más tenaz y más comprometida. Sobre todo, para estar mejor entrenada para entender mi entorno y su realidad; para operar con absoluta certeza en mi rumbo.

Todo lo anterior lo he hecho con la brújula que me guía para tener una mejor relación con el mundo, tomándolo con seriedad y a la vez sin tomármelo tan en serio. Se trata de una transformación que me hizo subir de nivel y ver la vida como siempre soñé verla, con la absoluta certeza de estar caminando con estrella, y eso me hace feliz.

He desarrollado durante muchísimos años una capacidad de observar que me ha llevado a entender muchos procesos de los seres humanos y sobre todo de las mujeres. Este trabajo es una especie de traducción de lo que veo, de lo que leo y de lo que aprendo. **Y aunque este libro no tiene la llave de la felicidad, sí les abrirá muchas puertas,** despertará muchos sentidos y las ayudará a evitar muchos errores en la búsqueda de una vida más próspera y llena de satisfacciones.

Bienvenidas a este lugar de aprendizaje que me ha ayudado a vivir más plena, y a impulsar a una mejor *Tati* cada día. Anhelo

que gocen la travesía por cada una de sus páginas y que se em-
papen de este fantástico modelo de vida automotivado para que
desde ahí comiencen su nueva, fascinante e inolvidable vida.
¡Buen viaje!

## Instrucciones
### para leer este libro

**E**l libro está dividido en nueve capítulos y su estructura permite dos tipos de lectura. Pueden leerlo todo de corrido una primera vez. O después, es posible volver a él cada vez que busquen un poco de motivación. Abran el capítulo con el que más se identifiquen en el momento y vuelvan a sumergirse en sus letras. Yo misma lo hago. Este libro es también para mí un querido recordatorio de lo grata que es la vida y de mi responsabilidad de vivirla con entusiasmo.

¡Ah!, más adelante hablaré con detalle de la importancia de llenar todas y cada una de nuestras células de oxígeno, quietud y vitalidad; mientras tanto, cada vez que vean este símbolo , hagan lo siguiente: cierren los ojos y respiren lento y profundo tres veces. Después continúen leyendo.

## Autoestima

# Conócete y sé una mujer que brilla

## • CONOCERSE

¿ Quiénes somos en realidad? Esta es una pregunta compleja, sobre todo si llevamos muchos años en la inercia de vivir sin poner atención en nosotras mismas o enfocando nuestro interés y cuidado en los demás, en los de fuera, en un mundo exterior al nuestro.

Es, además, una pregunta que deja fácilmente de tener respuestas si abandonamos la propia acción de preguntárnosla constantemente. Sin embargo, es también una pregunta maravillosa y muy potente que puede darnos las respuestas más reveladoras si aprendemos a escucharnos. Conocernos puede volverse una herramienta imprescindible para transformarnos y ser *mujeres que brillan.*

Conocernos a nosotras mismas tiene el grado exacto de complejidad. Es una vía directa para enfrentarnos cara a cara con nuestras emociones, miedos, deseos, pasiones, capacidades y limitaciones, y hacerlo nos expone a ver toda nuestra realidad, aunque no precisamente a saber qué hacer con ella.

Hace varios años estaba yo en mi clase de meditación y la maestra nos pidió que antes de comenzar la práctica pensáramos en las mentiras que nos habíamos dicho a nosotras mismas durante la semana. Lo primero que se me vino a la mente fue: «Yo, obvio, no me miento», y enseguida comencé mi meditación. Desde luego que no pude entrar en estado meditativo porque no sólo me mentía a mí misma, sino que lo peor: no tenía idea de que sí lo hacía ni por qué. Un verdadero desastre. Todas aquí estaremos de acuerdo con que alguna vez hemos negado nuestros defectos, padecimientos, dolores o infelicidades. Eso es porque no hemos tenido la oportunidad de ir dentro, muy dentro, a conocernos bien y desde ahí partir hacia una vida de plenitud.

¿Se acuerdan de su niñez?, ¿recuerdan que éramos niñas que jugábamos, cantábamos, bailábamos y corríamos, experimentando todo sin temerle al fracaso? Tampoco actuábamos ni tomábamos decisiones con base en las opiniones de los demás. No nos quejábamos ni seguíamos un código social, ni mucho menos nos guiábamos por reglas impuestas. No nos quejábamos por no ser la persona que anhelábamos ser. Sólo éramos. Éramos nosotras y éramos libres de serlo.

Después crecimos y comenzamos a crear una yo que fuera aceptada, querida y amada. Comenzamos a condicionarnos y a moldearnos para ser mujeres que cupieran en una sociedad determinada, como  piezas que encajan en el juego de la vida con todo y sus reglas.

Todo eso es natural y así es la vida. **Este libro contiene fórmulas mágicas para ser felices.** Para comenzar a descubrirlas, tenemos que arrancar enunciando que en nuestra existencia es trascendental detenernos a pensar y a cuestionar qué juego estamos jugando y las reglas de quién estamos siguiendo.

Entonces, ¿quiénes somos? Somos las que somos o quienes la sociedad nos ha exigido ser.

Pero ¿cómo redescubrir a nuestro auténtico yo si llevamos años actuando conforme a lo que diversos patrones culturales nos han impuesto? Quitándonos las máscaras y viviendo sin miedo, siendo como realmente somos.

Y ¿cómo nos quitamos las máscaras o cómo sabemos cuáles son máscaras y cuáles no? Analizando e identificando una por una: la de la amable, la de la perfecta, la de la buena, la de la exitosa, la de la débil, la de la valiente, la de la víctima, la de la fuerte... y así nos vamos una por una, revisando las cualidades o los defectos con los que la sociedad nos define y preguntándonos si somos esa o sólo aparentamos serlo por un inconsciente deseo que piensa que si somos diferentes a nuestra esencia, tendremos un mejor destino, seremos más amadas o nos aceptarán más.

Este libro habla de cómo llegar a ser libres, porque lograrlo nos hace mujeres extraordinarias y, como la palabra lo dice, nos salva de ser comunes.

*El mundo necesita mujeres con estrella que se cuestionen y abran camino para las demás.*

Para ello es fundamental conocerse y operar desde nuestro verdadero yo, sin ocultar nuestra esencia, porque esa y sólo esa es la que tiene el ferviente deseo de ser más feliz.

Como les decía hace un rato, escribo este libro después de un proceso larguísimo de trabajo personal en busca de respuestas que me acercaran a pasarla mejor y, sobre todo, a tomar el control de mi vida... ese que por muchos años sentí que tenían todos menos yo. Lo primerito que tuve que hacer fue entender quién era y volver a meterme en mi propia piel.

Toma mucho esfuerzo ser quien en verdad eres. No es fácil. Entiendo que vivimos en una sociedad que con frecuencia nos impone comprar identidades ajenas, que se ha dedicado por años a bombardearnos con información que pretende convertirnos en las personas que los demás quieren que seamos.

«Sé más blanca, sé mas flaca, sé una mamá que le calienta las toallas húmedas a su bebé, maneja este coche, vístete así, habla de esta manera, come esta comida, compórtate de esta manera en sociedad, cásate y, obvio, sé una esposa ejemplar...».

Este ejemplo les va a mover las tripas, y hasta pue'que haya por ahí un «chócalas». Mi verdadera naturaleza es ser una mujer valiente, libre y que toma decisiones que la hacen feliz. Desde luego, siendo siempre muy respetuosa con la gente, pero al final del día, bastante cómoda con ser una mujer que toma libremente las decisiones que le traen felicidad. Pero les tengo que platicar: creo que sufrí un exorcismo.

Durante años perdí mi esencia; olvidé quién era y me sometí a vivir la vida que dictó alguien más por mí. Desde luego

28

que en el momento no me percaté de esto que les estoy diciendo, pero un día volteé a verme y me encontré viviendo mi vida exactamente como una desconocida.

La llevaba llena de miedo y de sumisión, con absolutamente cero valentía para modificar lo que me generaba dolor. Sentía verguenza de saberme frágil, de ver cómo mi vida se regía por decisiones que no tomaba yo precisamente. Estaba encadenada y vacía; era desleal a mis valores. Más bien, ya ni sabía cuáles eran mis valores.

La inercia de lo que imponía la sociedad me ató de manos y me impulsó a tomar con firmeza resoluciones que acabaran con mi hastío y me permitieran abrir la puerta de mi prisión. Por eso digo que viví un exorcismo, pues pasé toda una época de mi vida sin ningún tipo de conciencia sobre mi propio ser; abandonada o quizá sin jamás haberme conocido realmente, ni haber cuestionado cómo demonios quería vivir.

¿Saben qué hace que las mujeres nos transformemos? Precisamente aquel deseo de inquietud y el profundo desencanto, inconformidad e incomodidad que genera vivir donde no nos gusta. Fue así como emprendí un viaje, el más importante y conmovedor de mi vida.

Hice las maletas para ir en búsqueda de un tesoro. Tomar la decisión de conocerme fue el primer paso de una serie de cambios que transformarían mi vida totalmente. Necesitaba buscar por todo mi ser aquel diamante en bruto que vive muy dentro de cada mujer; observarlo, analizarlo y entenderlo para entonces, desde ahí, poder diseñarlo y obtener su máximo brillo, luz y valor.

Vivir cada día siendo fiel a ti misma no es una práctica común porque toma tiempo y esfuerzo. Nos confronta y no nos gusta sentirnos examinadas, mucho menos por nosotras mismas. Pero es inevitable, si queremos afrontar la vida de una manera óptima; tenemos que ser capaces de identificar lo que sucede en cada rincón de nuestro ser y actuar en consecuencia y con inteligencia.

Si nos sumergimos para conocernos muy, muy bien, lo que sucede por arte de magia es que desarrollamos habilidades para entender por qué nos sentimos como nos sentimos, por qué reaccionamos como reaccionamos, por qué nos entristecen ciertas cosas... y eso es la mitad del camino. Sólo desde ahí podremos regular nuestro comportamiento y, sobre todo, modificar conductas y resolver problemas. Ese es el camino para averiguar y comprender quiénes somos.

El otro, como les decía, es el de tirarse al drama, hacer «panchos» incalculables y perder el control emocional a tal grado que la única explicación que queda es que se nos ha metido el chamuco a operar, en plan exorcismo, nuestro cuerpo y alma enteritos, viviendo situaciones que nos deterioran como personas y nos devastan como mujeres. Todo esto sucede cuando no sabemos ni qué somos, ni qué traemos dentro, ni cómo gobernar nuestro propio corazón, ni hacia dónde dirigir el barco. Esto pasa cuando no nos conocemos.

Así que lo primero, primerito, para entrarle al chapuzón interno y saber quiénes somos, es aceptarnos y querernos. Hablemos de ello.

**Preguntas clave para conocerte a ti misma y convertirte en una mujer con estrella**

Contesten conmigo estas preguntas que nos ayudarán a aflojarnos tantito y a ir conociéndonos poco a poco, porque cuando sabemos expresar quiénes somos y qué queremos, estamos más cerca de lograr ser mujeres con estrella, mujeres que brillan.

**¿Cuáles son los valores más importantes que rigen tu vida?**
Los que te dan la referencia de lo bueno, lo benéfico, lo constructivo, lo deseable, lo útil. Por ejemplo, familia, respeto, honestidad, lealtad, trabajo, libertad, justicia, tolerancia, equidad... Cuando tenemos claros nuestros valores, podemos priorizar nuestras decisiones y procurar que cada una de nuestras acciones diarias estén alineadas con ellos, lo cual nos acercará a ser leales a nosotras mismas.

**¿Qué te hace genuinamente feliz? ¿Qué actividades te llenan de alegría?**
Es importante contestar esta pregunta cuando se tienen valores claros, pues de esta manera podremos saber si somos mujeres que actuamos acorde a lo que pensamos. Si uno de mis valores es la familia, la pregunta que podría plantearme es ¿hago activida-

des cotidianas que me acercan a la familia? Si uno de mis valores es el respeto, ¿soy una mujer que respeta a los demás?

**Si pudieras volver a nacer y escoger las cualidades con las que te quedas y los defectos de los que te despojas, ¿cómo te diseñarías?**

**¿Quién eres, qué haces y cómo actúas cuando nadie te ve?**
Solemos actuar de «manera correcta» cuando tenemos los ojos de la gente encima. Es muy poderoso observar quiénes somos cuando nadie nos ve. Sobre todo si lo que hacemos frente a la gente y lo que hacemos en privado es muy distinto.

**¿Quiénes te rodean?**
Dicen por ahí que somos el resultado de la mezcla de las cinco personalidades de la gente que tenemos más cerca. Tendemos a identificarnos con la gente que es afín a nosotras y sin duda nos relacionamos con personas en las que nos podemos ver reflejadas. Pon atención en ellas e identifica las razones por las que te rodeas de cada una, pues te acercarán a conocerte mejor.

## • QUERERSE Y MUCHO

En ocasiones me sorprende lo misteriosa que puede ser la vida y la variedad de sutiles matices que la caracterizan. En serio, a veces parece que escondieron las grandes respuestas en las cuevas más ocultas para que sólo poquitos las descubrieran, y al parecer se dejaron las confusiones y los malos entendidos al alcance de todos, no me explico por qué motivo.

Hay que ser cuidadosas y estar muy buzas para diferenciar dos sentimientos opuestos que, por lo visto, se confunden con mucha frecuencia y que vale la pena tener muy en claro.

*Hemos crecido pensando que es egoísta quererse más a una misma que a los demás, cuando la realidad es que quererse más que a los demás habla de una persona con una vida emocional sana.*

Quererse a una misma es el principio básico para relacionarse con los demás y para una serie de ajustes que nos permitirán volvernos mujeres irresistibles, los cuales iremos trabajando juntas en el transcurso de este libro. Pareciera que es una fórmula complejísima que pocos pueden descifrar, pero no. En realidad, es y muy fácil y sencillo. ¿Recuerdan qué bonito lo dijo Frida Kahlo? «Enamórate de ti. De la vida. Y luego de quien tú quieras».

Somos una generación que fue educada bajo premisas como que jamás se debía hablar bien de una misma, que la modestia era la madre de las cualidades, y que precisamente había que restarle importancia a nuestras virtudes y a nuestros logros para encajar con educación en una sociedad que castiga la vanidad. ¿Ven por qué les digo que la vida es misteriosa y rara?

Yo decidí apostar con la vida y contradecir mi educación al demostrar que el camino era hablar bien de una, pensar antes en una misma que en los demás y priorizar la individualidad, para entonces relacionarse con empatía, solidez, entrega, o desde la trinchera que cada quien elija, pero partiendo de un amor propio. ¿El resultado de mi experimento y mi apuesta? Cien por ciento confiable: ese es el camino.

¿Saben de dónde vienen la culpa, la inseguridad, la inhibición o el miedo? Justamente de no conocernos y, por ende, de tampoco querernos.

¿Cómo va a ser posible que los demás nos traten bien si nosotras mismas no lo hacemos? La gente nos va a tratar como les mostremos que nosotras nos tratamos. Hagan la prueba y verán.

Y, ojo, espero que todas estén entendiendo que nada tiene que ver lo que propongo con prepotencia o narcisismo que son, digámoslo así, el extremo malo de admirarse, en el que se pierde la perspectiva y todo se viene abajo.

Cuando las máscaras van saliendo y, como cebollas, vamos quitándonos las capas que recubren nuestra verdadera naturaleza, aquella que muestra nuestros valores reales y nuestros más auténticos gustos y placeres, nos sentimos vulnerables porque, una vez más, pensamos que exponer nuestra alma más pura nos pondrá en el banquillo, aquel tan desagradable en el que todos tienen el derecho a juzgarnos.

Lo importante aquí es entender que ese miedo es también sembrado por la propia sociedad y su reflejo en nuestro ego. No pasa nada. ¿Les digo algo que las va a hacer sentir muy bien, aunque no lo parezca? Le importamos poco a la gente y, como decimos en mi casa, no hay nada más viejo que el periódico de ayer. **Atreverse a tener el cuerpo que tenemos y dejar de luchar todos los días para tener otro habla de la calma derivada de querernos y de bien con lo que somos.** Decidir vivir de manera libre y en paz con nuestro cuerpo, la neta, a la sociedad le tiene sin cuidado. Las únicas que pensamos que la sociedad se inquietará con nuestra decisión somos nosotras mismas y los fantasmas que circulan en nuestra cabeza amedrentándonos por no tener una mentalidad sólida frente a ser libres. Sólo desde ahí podremos querernos.

Y resulta que querernos es imprescindible en la construcción y el diseño de nuestro destino. Piensen en lo difícil que es querer a alguien que nos miente y que vive aparentando ser una persona que se oculta tras las máscaras y las personalidades simuladas o fingidas. Ahora, imagínense a nosotras mismas con máscaras puestas. No hay forma. No hay manera.

Para quererse hace falta seguir estos pasos:

*Primero: conocernos. Segundo: querernos tal cual somos. Y no sólo aceptarnos, sino en serio querernos, adorarnos, idolatrarnos y amarnos. Ser nuestra persona favorita.*

Tener las conversaciones internas más fantásticas, reírnos de nosotras mismas y jamás sabernos solas, porque estamos con nosotras, con la más estupenda compañía que soñaremos tener, la que mejor nos conoce, la más empática, la que no nos juzga, la mejor consejera, la que nos da los mejores regalos, como una buena noche de sueño, una inolvidable borrachera, un fuerte regaño cuando nos equivocamos y un fuertísimo abrazo cuando triunfamos.

Querernos es protegernos, porque es a la vez llenarnos y procurarnos todo lo que necesitamos y no depender de los demás para tenerlo. Recuerdo con nostalgia el primer día que me mandé flores, a mis 24 años. Me di cuenta de lo bien que me hacía sentir eso y digamos que no era una práctica frecuente en mi vida recibir ramos de flores. Así que decidí hacerlo yo y llamar a la florería para pedir un lindo arreglo de rosas blancas que me haría muy feliz. Desde luego esto fue un parteaguas en mi vida y una rigurosa disciplina que adopté desde entonces, que me recuerda que pensar en mí antes que en los demás y quererme más que a nadie en el universo, es una de mis herramientas para salir al mundo bien, pero muy bien armada.

Me encantaría describirles el peso que nos quitamos de encima cuando dejamos de responsabilizar a los demás de sentirnos amadas. Sentirnos amadas lo provocamos nosotras mismas. Recibir cariño, amor, ternura, cuidados, apapachos, flores y demás cosas bonitas de un externo es un gran y preciado regalo en la vida. Es un lujo, pero nunca es una necesidad.

Identifiquen esos momentos que las hacen felices, esos que las hacen brindar consigo mismas y hasta les sacan un bailecito por ahí. ¿Ya? Regálense más de esos.

*Tengan una lista de unos diez momentos que las hacen sonreír y utilícenlos como recurso siempre.*

Yo, por ejemplo, identifico tomarme un café viendo los árboles desde mi ventana después del desayuno como un momento que me abraza. Lo he vuelto ya un hábito que me hace sentir protegida, en paz y contenta. Es algo que atesoro y me aseguro de nunca perderlo; por el contrario, lo reconozco cada vez más como una especie de refugio que me abriga y me hace sentir el corazón calientito y querido.

Otro momento que puede ayudarnos a recordar lo mucho que nos queremos es sentarnos en un escritorio y darnos un espacio para escribir ideas, planes y objetivos en una agenda. Sentirnos organizadas nos permitirá recordar que confiamos en nosotras y estimulará nuestra creatividad para que nuestros proyectos salgan a flote. Cuando yo lo hago, pongo mi musiquita, de pronto prendo una vela que huela rico, cierro la puerta y comienzo a hacer el croquis de mi destino como uno de los momentos más acogedores y gratos que puedo tener conmigo misma.

Y así puedo seguir contándoles sobre momentos que he ido recopilando en la vida, pero lo que quisiera ahora es que ustedes también se conviertan en coleccionistas de sus instantes más gozosos.

## Mesa de regalos para una misma

 Dar un paseo por el parque más bonito de tu ciudad.

 Hacer un altar en casa con objetos maravillosos que hayas recolectado por la vida.

Llamar a un amiga con quien no hayas hablado en meses.

Hacer una pausa y escuchar tu canción favorita de todos los tiempos.

 Darse un encerrón de fin de semana para leer un gran libro.

## • SABERSE CAPAZ, UNA EMOCIÓN FASCINANTE

Dicho lo anterior y partiendo de la premisa de que el mundo nos necesita, la gran tarea es: creérnosla. Por eso, la confianza y la autoestima son herramientas cruciales para iniciar una vida de fortaleza y de empoderamiento; una vida de realización.

¿Cuál es la diferencia entre la autoestima y la confianza? Muy sencillo: la autoestima es lo que pienso yo sobre mí misma. ¿Cuánto me gusta quién soy? ¿Soy buena persona? ¿Soy encantadora? ¿Soy buena cocinera? ¿Qué tan buena amiga soy? ¿Soy congruente? ¿Soy una mala persona?

La confianza se relaciona con qué tan seguras estamos de lo que pensamos sobre nosotras mismas, sobre las respuestas a esas preguntas, nuestros propios juicios. Por ejemplo, Andrea puede pensar que es una gran asistente de su jefe y no estar tan segura de ello, o también puede pensar que no es tan buena asistente de su jefe y estar supersegura de ello.

Es tan crucial ser personas con una autoestima sana y altos niveles de seguridad que lo considero casi, casi como un valor de supervivencia, más que un lujo emocional. Digo esto, porque cuando la valoración de nosotras mismas es positiva, somos fuertes ante las adversidades de la vida, y cuando nuestra autoestima es baja, disminuye de manera considerable nuestra resistencia y es más fácil derrumbarnos. La ecuación es implacable y perfecta: si tenemos la autoestima hasta arriba y nos sentimos seguras de nosotras mismas, el mundo se nos abre, nos motivamos, nos llenamos de fuerza y de energía.

Un ejemplo de tener alta autoestima y mucha confianza en una misma es el siguiente: «Merezco respeto, por lo tanto voy y lo exijo». Si, en cambio, tenemos alta autoestima pero poca confianza, la posibilidad de crecer disminuye, pues entonces el planteamiento que haríamos sería: «Merezco respeto pero no lo exijo». O si tenemos mucha confianza en nuestra baja autoestima pensaríamos: «No exijo respeto porque no me lo merezco».

La alta autoestima combinada con la elevada confianza en nosotras mismas es un gran círculo virtuoso, porque nos impulsa a alcanzar nuestras metas y más grandes ilusiones, mismas que nos enorgullecen y, a su vez, generan una satisfacción muy placentera de la cual querremos más, y más, y más.

Esta poderosa mancuerna no nos garantiza tener satisfacción ni felicidad, pero está muy cerca de ello. Ya sé, ya sé que estoy aquí para decirles cómo sí se logra esa plenitud y esa paz de mujeres que vivimos con estrella, pero es para mí muy importante, y por eso voy a detenerme un segundo a recalcar que esa vida se alcanza al saber entrelazar, ejecutar y operar, como las grandes, distintos recursos. Caminaremos juntas desmenuzando cada uno de ellos.

Pensar bien y positivamente sobre nosotras mismas, sabiéndonos certeras de nuestra valoración, es primordial para comenzar a construirnos como mujeres que conquistan lo que quieren. En cambio, la baja autoestima y la falta de confianza generan caminos directos a la desesperación, la frustración y la ansiedad, y justamente este libro está planteado para no dar cabida a ninguna de ellas, ni tampoco a la tristeza ni al dolor.

Se estarán preguntando: «Sí, pero ¿cómo le hacemos?». Piensen esto: vivimos en una era donde las opciones que se nos presentan son ilimitadas, lo que nos obliga a tener la capacidad de emitir juicios propios e independientes. Además, nos obliga a asumir de manera seria la responsabilidad sobre nuestras elecciones y, por ende, también a cultivar una mayor capacidad de confianza en ellas. Necesitamos pensar positivamente sobre nosotras y confiar en lo que pensamos sí o sí. ¿Me cachan?

¿Cómo confiar en nosotras mismas? Les tengo una noticia: confiando en nosotras mismas. A partir de este momento, y una vez que hemos entendido la importancia de ser mujeres que piensan bien de sí mismas y además están seguras de ello, confíen en la eficacia de su mente, en su capacidad de aprender, de comprender y de hacer las cosas. ¿Por qué? Porque la tienen, sólo que parte del mundo se ha dedicado a hacerlas creer que no. Así de sencillo. Comiencen poco a poco, pero comiencen hoy.

*La maravilla de tener una autoestima alta y confiar en ella es que no se pide y no se da, es una experiencia muy íntima y propia.*

Es muy importante para mí que este concepto les quede macroclaro. La autoestima no nos la da el marido, ni el jefe, ni los hijos, ni los amigos, ni las mamás, ni el amante, ni nadie; nos la damos nosotras mismas, porque es, justamente, lo que pienso y siento respecto de mí, no lo que otras personas piensan o sienten respecto de mí.

Durante algún tiempo pensé que mi marido me bajaba la autoestima al decirme que no tenía la suficiente inteligencia como para destacar en el trabajo, pero más tarde concluí que más bien lo que no tenía era el suficiente valor para dejar de compartir mi valiosa y única vida con un hombre que todos los días me repetía tal barbaridad. Él me hacía daño, pero era yo quien optaba por bajar mi autoestima.

El decibel de la autoestima está bajo nuestro control. Puede ser que hayamos perdido motivación, que vivamos ansiosas, tristes, frustradas o decepcionadas con una pareja, pero esa es otra historia que, desde luego, es importante tratar, aunque no en el capítulo de la autoestima, sino más adelante, en el de las relaciones de pareja.

*Otra muy buena noticia sobre una autoestima sana y confiar en ella: esta viene con premio y se llama orgullo, una emoción fascinante.*

Dicho de otra manera, el orgullo es el placer que generan los logros de nuestros actos y, lo mejor de todo, es adictivo.

Como ya dijimos, si confiamos en nuestro poder para enfrentar cualquier desafío, lograremos más cosas y, además, cada vez será más fácil. Se darán cuenta de que los retos que antes veíamos con miedo y que, incluso, nos paralizaban con pensamientos como: «Obvio, yo no puedo aprender un idioma porque no soy capaz y estoy segura de ello», van a ir desapareciendo para darle cabida a los que dicen: «Obvio puedo, sólo es cuestión de proponérmelo y de ser disciplinada». Surgirá con el tiempo un hábito precioso de buscar retos más desafiantes y más grandes cada vez, y notarán que se convertirá en un placer máximo que solamente se multiplica.

No todas las noticias son buenas aquí, así que ahí les va la mala: aquí no hay atajo; la única manera de confirmar y de reafirmar nuestra eficacia es triunfando y fracasando una y otra vez sin tirar la toalla, o sea, haciendo las cosas con perseverancia. El «yo no soy buena para la tecnología» sólo se transforma tratando y equivocándonos muchas veces.

La constancia en probar y errar, probar y errar, las guiará hacia un camino increíble que es el de una mayor autoexigencia, porque, como ahora ya sabemos, la autoestima se alimenta de logros que la estimulan. Va quedando claro que si dudamos de la eficacia de nuestra propia mente, ni siquiera nos vamos a atrever a hacer las cosas, y ninguna de nosotras estamos aquí para vivir la vida sin saber si podemos hacer algo o no.

Pacten con ustedes mismas muchas cosas de las que son capaces y no han tenido el coraje de hacer. Pacten que pueden levantar ese proyecto. Pacten que ayudarán a esa causa social que tanto las llama. Pacten que no se quedarán calladas ante situaciones que las incomodan. Pacten que alzarán la voz. Pacten que exigirán sus derechos. Pacten que terminarán lo empezado. Pacten que aprenderán algo nuevo. Pacten que pedirán un aumento. Pacten que actuarán con seguridad. Pacten que perseguirán su sueño hasta lograrlo. Pacten que son capaces de todo y más. Porque una vez que lo hagan, podrán abrir las demás puertas de las que este libro habla y a través de las cuales se llega al lugar de la eterna serenidad.

Sé que conocen ese sentimiento que nos genera lo conocido, el que nos exige poco de nosotras mismas, el que nos lleva a elegir el camino del menor esfuerzo; sí, ¡ese!, el que nos deposita en nuestra zona de confort. ¿Ya lo ubicaron? Muy bien, pues despídanse con cariño y agradecimiento de esta condición humana que nos limita y nos aleja del empuje que necesitamos de ahora en adelante si queremos ser mujeres con luz propia.

*Ahora démosle la más cordial bienvenida a la energía, a la ambición, a la acción, al dinamismo, al coraje, a la vitalidad y a la apertura a lo desconocido, que es el camino de los triunfos, la independencia, los logros y el triunfo.*

Hay una herramienta infalible para lograr con éxito esta lección de vida, ¿listas? Vivir conscientemente. ¿A qué me refiero? A comprometernos con la razón y la realidad. Ejemplos: aquí no caben los pensamientos de «siento que a él no le parece que yo haga tal cosa», o «pienso que no doy el ancho para tal otra», o «¿qué van a decir cuando yo opine equis cosa?». ¿Se fijan? Son suposiciones o interpretaciones sobre la realidad que sólo nos limitan. Para empoderarse hay que querer comprender las cosas como son, integrarlas todos los días y seguir ampliando nuestro conocimiento. Hablaré de esto con muchísimo detalle un poco más adelante, pero les adelanto un par de ejemplos para dejarles más claro lo que intento decir.

**Visualicen lo siguiente:**

Una mujer le expone su proyecto de negocio a un potencial socio inversionista, quien le responde que su plan debe ser más exacto para saber si el negocio es viable o no. Imaginen la misma escena con dos mujeres de personalidades distintas:

- **Opción A:** la mujer comprometida con la razón y la realidad va a su casa a trabajar su plan de negocios para hacer de él algo más exacto y viable; entiende que ningún emprendimiento es fácil, soluciona un problema, no se rinde y trabaja para no abandonar la posibilidad de controlar su vida.

- **Opción B:** la mujer que interpreta la realidad y vive en la inconsciencia se va a su casa sintiéndose incomprendida y amenazada, sufre y asume un sentimiento de impotencia, y se desespera porque interpreta la respuesta del inversionista como un recordatorio de su imposibilidad de controlar su vida.

**Ahí les va otra escena:**

Una mujer está agotada por un día de mucho trabajo y al regreso a casa se encuentra con el marido que la invita a echarse unos tacos, el hijo que le pide jugar con ella y su suegra que le llama por teléfono para preguntarle una receta.

- **Opción A:** La mujer que confía en su criterio y que entiende la realidad tal cual es, está segura de que lo más importante es ella misma, le propone al marido cambiar la fecha de salir a cenar para hacerlo llena de energía, le pone a su hijo su película favorita para que se distraiga y se quede dormido, y le dice a la suegra que en esta ocasión no puede tomar la llamada, pero que buscará espacio para regresársela en la semana. Se mete a su cama y se duerme plácidamente sin la menor culpa ni piensa en lo que dirán los demás sobre sus decisiones.

 Opción B: La mujer que no confía en ella misma y que malinterpreta, complace a todos antes de buscar estar en paz consigo misma. Hace un sobresfuerzo y sale a cenar tacos con el marido, acompañada de un dolor de cabeza infernal. Todo esto después de haber jugado serpientes y escaleras con su hijo para que este no se sintiera desprotegido. Mientras lo hacía, tenía abierto el recetario para al menos enviarle por foto una receta a su suegra, con quien quiere quedar bien. A pesar de todo no puede dormir bien: se siente culpable por haber hecho las cosas a medias.

Están leyendo este libro por voluntad propia y porque nos identificamos con el deseo de ser felices. Nadie nos obligó a cambiar ni nadie está esperando que transformemos nuestra vida. Somos nosotras las que lo deseamos, así que el primer paso si queremos cambiar es concentrarnos en que podemos hacerlo.

Les tengo otro consejo muy útil que pueden integrar a su lista de tareas y que les ayudará por el resto de sus vidas: sean independientes en lo intelectual; no imiten, no reciclen las opiniones ajenas, comprendan en serio, piensen y juzguen por ustedes mismas. Lo único que puede pasar al hacer esto es que se genere un nivel de autoestima muy elevado y, por ende, mucha, pero mucha seguridad. Y, ¡ojo!, si esto implica un pequeño cambio hacia la soledad para la reflexión y el silencio, está perfecto, van por buen camino.

¡Alerta con nuestros pensamientos! Nosotras no somos nuestra mente. Nuestro ego se encarga de vendernos mentiras todo el santo día: «Tú no eres lista», «Tú no eres capaz», «Tú no eres bonita»...

Lo que pasa por nuestra cabecita no siempre es real. Los pensamientos no siempre son verdaderos. Lo que pasa con los pensamientos es que no se pueden controlar; ellos pasan como las nubes pasan en el cielo y, además, bien rápido. Tache, tache, tache si nos dejamos controlar por ellos.

¿Cómo le hacemos cuando perdemos el control sobre nuestros pensamientos y sentimos que de nuevo somos lo que pensamos? Muy fácil. Nos detenemos y los observamos. Al hacerlo, nos daremos cuenta de que si los podemos ver, observar y analizar, quiere decir que somos externas a ellos y, por lo tanto, no somos ellos, y no pueden controlarnos. Por ejemplo: «Ando piense y piense que le he dejado de gustar un poco a mi novio porque ya no me dice tantas veces que me quiere». ¡Alto! Controlemos el pensamiento recordando lo siguiente: «Le gusto mucho a mi novio aunque no me lo diga, por eso está conmigo».

Si nos convencemos de que NO SOMOS NUESTROS PENSAMIENTOS, entonces somos libres. No hay que pelearnos con los pensamientos ni tampoco juzgarnos. Sólo dejen que pasen, como nubes viajeras y no como ideas secuestradoras que nos atan y nos limitan a ser como ellas quieren que seamos.

En resumidas cuentas, necesitamos alta autoestima y mucha confianza para aprender, opinar, decidir, y así tener la capacidad de entrarle a la aventura que es la vida más preparadas, más conscientes, con mayor habilidad, más creativas y escuchando con atención los criterios de los demás.

Me emociona decirles que esta actitud de la que son dueñas a partir de ahora será un cimiento esencial para construir la nueva yo que sabe muy bien que atribuirle valor a sus capacidades es lo más positivo y motivador que puede una hacer por sí misma.

*Todas y cada una de ustedes son dignas del mayor de los éxitos y la más grande felicidad; nunca vuelvan a dudar de ello.*

El día en que yo me sentí feliz por ser como soy y confié en mí misma fue el día en que me volví libre en lo emocional. Conocí una de las mejores sensaciones que una mujer puede experimentar: conciliarse con una misma y aceptarse como persona.

## LA VERDAD NOS HARÁ LIBRES

Soy defensora de la verdad. Cuando dimensioné su potencia fue cuando entendí lo mucho que me gusta la gente honesta.

*La famosa regla de oro: «Sé como quieres que sean contigo».*

Creo en que la verdad nos hará libres y, como ya lo hemos dicho antes, la libertad es una de las condiciones más importantes de las mujeres que construyen el futuro. Decir la verdad, aunque duela, estorbe o nos meta en problemas, es de mujeres libres.

Sería contradictorio hablar de una mujer plena que está esclavizada, ¿no creen? Mentir esclaviza. Imaginen nada más el esfuerzo de vivir mintiendo: planear lo que estamos tratando de ocultar, encontrar una versión creíble o, de lo contrario, presentar una actuación convincente para lograr vender la mentira, vivir con paranoia y recordar nuestra mentira por el resto de la eternidad para nunca ser descubiertas. Pero, por favor, ¡qué agotador! La vida se complica a borbotones si mentimos.

No hay ninguna necesidad de hacerlo. Y ni crean que hablo de las grandes mentiras que pueden meternos en enormes y muy peligrosos problemas, me refiero también a las chiquitas, a las del diario, a las de la oficina, a las del novio, la madre, los hijos. No mientan en ningún caso. Podemos ir dejando pasar las pequeñas e inofensivas mentiras, las piadosas, las chiquitas y, efectivamente, no pasa nada e incluso pueden considerarse útiles en algunas circunstancias; sin embargo, recuerden que estamos hablando de ser mejores personas NO para los demás, sino para nosotras mismas.

Pocas cosas cuido tanto como la confianza profunda de una persona. Diría que es una de las experiencias más llenadoras que he experimentado, porque habla de vínculos poderosos y sólidos, de esos que queremos construir y mantener. Hay una manera única y exclusiva de lograr que nos manden estos regalos en la vida y es siendo honestas y personas confiables.

*Si son como yo, mujeres que procuran las relaciones mágicas con todo su ser y buscan que estas perduren toda una vida, jamás mientan.*

Si mentimos fuera, mentimos dentro, y entonces nos descomponemos y todo el trabajo hecho se desvirtúa y retrocedemos.

Ser honestas también tiene que ver con no mentirnos a nosotras mismas, y eso nos va a ayudar siempre. Decir mentiras es un mal hábito que siempre termina siendo confuso y puede nublar nuestras propias realidades. Autoengañarnos, por ejemplo, es muy común si no hemos autopactado ser mujeres honestas; entonces seremos víctimas de nuestros propios laberintos.

Déjenme darles el típico ejemplo de autoengaño: «¡No! ¿Yo? ¿Relación tóxica con mi esposo? Para nada. Todo está bien. Sólo tengo malas rachas y punto, pero en realidad lo amo y nuestra relación sí es muy buena».

El famoso dicho «el amor ciega» se trata más bien de no ser honestas con nosotras mismas por miedo al dolor. Cuando ejercitamos la habilidad de escucharnos y actuar en congruencia, es decir, con armonía entre lo que sentimos y lo que hacemos, entonces somos honestas con nosotras mismas. Ese principio básico de respeto es crucial para desarrollar las demás habilidades que nos acercan paso a pasito a nuestros más grandes sueños y anhelos. Se sorprenderán con lo que les voy a decir, pero suele suceder muy seguido que lo que nos detiene en la vida es un común denominador: la manera en la que nos mentimos a nosotras mismas. Si lo que queremos es transformar nuestra vida, aquí no caben las mentiras y, lo vuelvo a decir, la honestidad es un impulsor de extrema potencia.

*H*ay que decirnos la verdad y para ello hay que aprender a hacerlo. ¿Cuáles son las mentiras que me digo para evitar mis propios conflictos y no enfrentar realidades que no me siento capaz de afrontar? Dejemos de jugar a «Estoy confundida, no sé qué hacer». La neta es que nuestra verdad está siempre en el nivel más profundo de nuestras entrañas. Recuerden ese momento por el que muchas de nosotras hemos pasado: sentirnos temerosas, miedosas y confundidas por una decisión importante que debemos tomar; pondré el ejemplo de cortar con el novio o de renunciar a la chamba. Meses o años sin saber qué hacer hasta que un día nos llenamos de valentía y terminamos con el novio o entregamos nuestra renuncia. Así de sencillo. Lo siguiente que solemos hacer es ir con nuestra mejor amiga y decirle: «Me siento tan bien; siempre lo supe, pero estaba confundida». Ya no diremos más «siempre lo supe», ¡tenemos el tiempo contado en esta vida! Nos hemos dedicado a mentirnos por infinitos miedos a ser juzgadas, juzgarnos, arriesgar, perder... No es de intrépidas decir la verdad. Es de mujeres sanas. No pasa nada. ★

## Mentiras comunes y soluciones para dejar de mentir

Hay millones de ejemplos de cómo limitamos nuestros sueños al mentirnos a nosotras mismas. Algunos de ellos pueden ser:

> " Su actitud es poco ética, pero me quedo con esta socia porque veo potencial. "

> " No quiero trabajar porque me fascina ser ama de casa. "

> " No estoy aprendiendo ni creciendo profesionalmente, pero soy feliz en mi trabajo. "

> " Mi pareja me ha maltratado muchas veces, pero ya me prometió que ahora sí va a cambiar. "

En el fondo de nuestro corazón, justo arriba del estómago, hacia el costado izquierdo, vive nuestra verdad. ¿Cómo conectar con ella? Conociéndonos, hablando con nosotras mismas y desarrollando esa monumental capacidad de vibrar, de ser sensibles con nuestras propias emociones y sentimientos, porque recuerden que, al final del día, cada decisión se toma para estar mejor. Olvídense de la idea de que ustedes no saben por dónde o cómo, porque ustedes son las dueñas de toda su verdad, nada más la buscan y la encuentran. Es muy fácil. Nunca más digan «no sé qué siento o qué quiero»; de hoy en adelante, el «no sé qué hacer», «yo no tengo propósito» es sólo para las mujeres que se mienten a sí mismas.

## ¡A brillar!

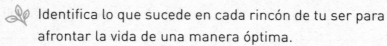

- Identifica lo que sucede en cada rincón de tu ser para afrontar la vida de una manera óptima.
- Quererte más que a los demás es reflejo de una vida emocional sana.
- Ríete de ti misma y conviértete en tu persona favorita.
- Identifica los momentos que te hacen feliz. Regálate más de esos.
- La única manera de confirmar y reafirmar tu eficacia es triunfando y fracasando una y otra vez.
- Sé una mujer independiente en lo intelectual; no imites, no recicles las opiniones ajenas, comprende y juzga por ti misma.
- Vivir conscientemente es una herramienta infalible para abrirse a lo desconocido con vitalidad y coraje.
- Si buscas crear vínculos poderosos y sólidos, no mientas jamás.

# Sal de tu zona de confort y piérdele el miedo al fracaso

## • LUCES, CONFIANZA, ACCIÓN

**A** este capítulo le doy una especial relevancia porque, si bien ya hablamos de la importancia que tienen la autoestima y la confianza en una misma para ser mujeres que toman las riendas de su vida, le vamos a entrar con profundidad a entender y descifrar uno de los cuestionamientos más importantes que podemos hacernos los seres humanos: ¿se nace con confianza en una misma o se aprende?, ¿se puede modificar?, ¿cómo se puede tener más confianza en una misma?, ¿por qué nos hace tanto bien tenerla?, y ¿por qué nos acerca a pasos agigantados al empoderamiento femenino?

*El empoderamiento femenino se refiere a nuestra capacidad de ser las protagonistas de nuestra propia historia.*

*Se trata de tomar libremente las decisiones
que nos hacen felices y fomentar
la igualdad social, política y ecónomica
de hombres y mujeres.*

Es momento también de conocer algunas de las diferencias de género desde un punto de vista genético, con el cual nos será mucho más fácil entender por qué las mujeres tendemos a confiar menos en nosotras mismas que los hombres, y cómo podemos transformar a nivel cerebral esta condición femenina milenaria. Por último, les compartiré una pócima mágica para poner en acción todo lo aprendido y poder, entonces, pasar del pensamiento y el deseo a la acción y la determinación de arrancar el nuevo sendero con el pie derecho.

Si analizamos bien esta premisa, llegaremos a una muy interesante conclusión que siempre me maravilla: el éxito tiene mucho más que ver con nuestra confianza que con nuestra habilidad. ¡Wow! La confianza en una misma es entonces más trascendental de lo que creemos.

Me cautiva este tema y he leído mucho sobre él porque llevo años queriendo descifrar qué nos pasa a las mujeres y por qué, en términos de confianza, no estamos tan entrenadas como los hombres. Estudiosos

ACTUAR, TOMAR RIESGOS Y FRACASAR SON EL PRINCIPIO BÁSICO Y ESENCIAL PARA SER PERSONAS SEGURAS DE NOSOTRAS MISMAS; NO HAY MUCHA OPCIÓN.

de la materia aseguran que la confianza en nosotras mismas es mitad ciencia y mitad arte, y lo que quieren decir con ello es que hay un código genético que se imprime en nuestras células a la hora de la creación, y determina en cierta medida algunas de las conductas de nuestra personalidad, pero que hay otro porcentaje que se aprende, se absorbe y se forma dentro de nosotras a partir de nuestro entorno. Como les digo, la disparidad que existe entre hombres y mujeres, en términos de autoconfianza se vuelve evidente si entendemos el distinto funcionamiento de ambos cerebros y reconocemos que esto no es una limitante, sino una ventana de aprendizaje y un área de oportunidad.

La cantidad de información que he leído sobre estudios que se llevan a cabo en prestigiosas universidades del mundo para entender el factor de la confianza en el desarrollo laboral de las mujeres es muy interesante. De modo invariable, los resultados arrojan que las mujeres y los hombres tenemos habilidades intelectuales idénticas; sin embargo, el miedo que las mujeres le tenemos al fracaso nos inactiva y nos deja en clara desventaja.

Déjenme darles un ejemplo: se realizó un estudio en la Universidad de Milán, en Italia, por el psicólogo estadounidense Zachary Estes, quien ha dedicado buena parte de su trabajo a investigar la diferencia entre la confianza de las mujeres y la de los hombres, y su impacto en el desempeño de cada uno.

Quinientas personas, mitad hombres y mitad mujeres, hicieron el mismo examen, que consistía en tratar de reconocer imágenes en tercera dimensión en la pantalla de una computadora. Los resultados del examen mostraron una notable inferioridad en la puntuación de los exámenes de las mujeres, y cuando analizaron los exámenes, respuesta por respuesta, para saber en qué habían fallado, se dieron cuenta de que lo que hizo que la puntuación fuera dramáticamente más baja fue que las mujeres prefirieron no contestar las preguntas en las que dudaron para no exponerse a fallar. Después entrevistaron a cada una de estas mujeres y ahí se les dijo que no tendrían consecuencias negativas de ningún tipo si había errores en las respuestas, que los resultados serían anónimos y que podían responder de nuevo las preguntas que no habían contestado; las mujeres, entonces, contestaron de manera correcta lo que habían dejado en blanco la primera vez. Y esto es justo lo que quiero decirles, el miedo a fallar nos paraliza y nos garantiza algo al cien por ciento: fallar.

Hace poco oía a un señor que no quiero recordar mucho, porque me pone de mal humor, que decía: «Un hombre es competente hasta que demuestre lo contrario y una mujer es incompetente hasta que demuestre lo contrario». Todas aquí sabemos el estereotipo tan duro que debemos combatir; es nuestra responsabilidad hacerlo. Generaciones anteriores a nosotras han luchado con mucho empeño y ahínco por estrechar la brecha de la inequidad de género y nos toca demostrarle al mundo que estamos listas para actuar, para sacar lo mejor de nosotras y para usar ese inválido estereotipo como motivador y como reto para empoderarnos.

Vamos poniendo las cosas en orden: poca confianza es igual a poca acción; cuando las mujeres no actuamos o dudamos porque no estamos seguras, nos ponemos un freno, y lo último que queremos aquí es pisar ese pedal que nos separa de lo más divertido de este mundo, que es experimentar la propia vida.

Por otro lado, hay muchos estudios neuropsicológicos que nos ayudan a entender cómo afectan a los seres humanos ciertas características biológicas o, dicho de otra manera, qué tanto se nace con confianza o qué tanto se adquiere a lo largo de la vida, y, sí, hay personas que son más propensas a tener más confianza en sí mismas que otras, si nos basamos en su información genética y en su actividad neuronal.

Me voy a poner un poquito científica, pero encuentro divertido e interesante saber este tipo de datos: el gen encargado de transportar la serotonina, —la sustancia que influye de manera directa en nuestro humor, comportamiento y estado de ánimo— puede tener variaciones que nos ayudan o nos perjudican; o sea, hay gente que tiene determinadas características en sus neurotransmisores que los hace más proclives a la ansiedad que otros, o quienes nacen más predispuestos a la calma y a tomar decisiones más racionales lo que, por ende, les genera más confianza en sí mismos.

La oxitocina es otro buen ejemplo. Es una hormona que ayuda a la interacción social, a pensar bien de los demás, a ser optimistas o a sentir menos miedo. ¿Cómo no va a repercutir en la seguridad de una persona la cantidad de oxitocina que segrega su cuerpo? O de dopamina, que es la que nos inspira a tomar riesgos, a sentir placer por lo desconocido. En fin, aquí podríamos quedarnos una vida enlistando químicos de nuestro cuerpo que afectan nuestro nivel de confianza, nuestro comportamiento e, incluso, nuestro panorama de felicidad.

¿Estaré tratando de culpar a la química humana si de tener confianza se trata? Un poquito nada más. No, ya en serio, si la información cerebral formada por nuestro código genético fuera inalterable, no estaría yo aquí ni ustedes tampoco, no habría esperanza ni fe en ser mejores o más felices.

Lo bueno comienza ahora, y necesito que lo recuerden para siempre:

*La ciencia más avanzada prueba que todos tenemos la capacidad de modificar físicamente nuestro cerebro y de tener nuevos pensamientos, nuevas conductas, nuevos hábitos y una enormísima confianza en nosotras mismas.*

Es frecuente no sentir confianza en nosotras mismas, pero tenemos la errada concepción de que somos las únicas en padecer este gran obstáculo; sin embargo, hay una cuestión bien importante y que menciono siempre en mis encuentros con mujeres: deben tener en cuenta que es normal no tener confianza en nosotras mismas; es de mujeres de carne y hueso.

Saber que no estamos solas y que no somos las únicas que nos sentimos invadidas por la desconfianza a la hora de actuar en determinadas situaciones, de alguna manera nos da tranquilidad. Ya cuando les cuento que podemos generarla es una placidez total.

En este mismo contexto, escuchar una entrevista de Christine Lagarde, abogada francesa que es directora del Fondo Monetario Internacional, o sea, uno de los puestos más importantes del mundo en su rama, y oírla decir que cada vez que entra a una sala de juntas llena le sigue aterrando que su opinión no sea la correcta, es muy alentador. Si ella siente desconfianza en sí misma, yo puedo sentirla también. Pero mucho ojo, si ella puede estar en ese puesto por el cual luchó, yo también puedo conquistar mi sueño.

Sheryl Sandberg, economista y directora operativa de Facebook, es otra mujer en un puesto de liderazgo impresionante a la que más de una vez he escuchado decir que siempre hay un dejo de falta de confianza que la hace sentir menos que un hombre en un debate financiero.

¿Se fijan? Por más picudas que seamos, siempre sentiremos desconfianza, pero como decía la científica Marie Curie, primera persona en ganar dos premios Nobel y primera mujer profesora en la Universidad de París: «En la vida no hay que temer, sólo hay que entender». Estas palabras me hacen recordar con cariño mi primer emprendimiento con fuertes socios inversionistas. Cierto día llegué a decirles que no me cuadraban las cuentas y que me rebasaba la simple idea de administrar la empresa. ¿Su respuesta?: «Ve y aprende para que dejes de estar angustiada». Y sí. La información y el conocimiento nos empoderan.

*Pasar de no saber a saber es un generador fascinante de confianza.*

Cuando entendí que nuestro cerebro tiene la capacidad de transformase en lo que nosotros le dictemos, mi vida cambió por completo. Qué genialidad, ¿no?; qué impecable diseño con el que nos hicieron. No vamos a desperdiciar esta gran oportunidad que tenemos aquí enfrente para desarrollar lo que queramos con el solo hecho de controlar nuestra mente, ¿o sí? Somos capaces de reestructurar nuestra función cerebral a nuestra conveniencia. ¿Quién dijo yo?

Nuestro cerebro es moldeable, podemos modificar patrones, podemos cambiar de raíz y reprogramarlo a nuestro antojo para lograr lo que buscamos.

Hay pistas, por supuesto, que nos van a demostrar que estamos reprogramando de manera correcta nuestra mente, como darnos cuenta de que nuestros pensamientos son cada vez más positivos, o sentir que los objetivos se logran con mayor facilidad, o caminar con mucha más claridad hacia lo que queremos y sentir que la vida es más fácil de lo que creíamos.

Hay también hábitos que quizás muchas de nosotras compartimos y que nos alejan de nuestra propia confianza; este es el momento de reconocerlos para entonces poder dejar atrás cualquier obstáculo que pueda obstruir el camino hacia nuestras metas.

Uno de ellos sería, como yo le digo, la *pensamientitis*: las mujeres tendemos a pensar más las cosas que los hombres, a darle vueltas y vueltas al mismo pensamiento sin parar. De alguna manera es como si nos fuera más natural vivir en un ciclo de pensamiento problemático que en un ágil plan de soluciones. Pensar demasiado puede ser un problema, y no menor. Atarnos a un pensamiento y desmenuzarlo con tanto detalle, como el típico: «¿Por qué me habrá dicho esto?, «Quizá quiso decir esto, porque tal vez piense esto y, en dado caso, es posible que vaya a hacer esto», es cien por ciento contraproducente. ¿Les suena familiar? No pueden imaginarse la cantidad de tiempo que perdí pensando si sería buena idea hacer un canal de You-Tube en el que compartiera consejos e ideas para vivir una vida más práctica y más creativa. Que si me iban a juzgar por la falta de dominio de la cámara, que si iba a lograr que se vieran bonitos los videos, tal como yo me los imaginaba, que si la gente me iba a conocer de más y quizá yo quería pasar más desapercibida ayudando a unas cuantas amigas, que qué iba a pensar mi papá cuando viera mi lado feminista, y así me puedo seguir enlistando una serie de pensamientos que lo único que hacían era detener mi paso constante hacia perseguir mi objetivo.

Tengo un doctor de medicina china alternativa que siempre me regaña y me dice: «Tú piensas mucho, y eso está muy mal, eso estresa y enferma, pero sobre todo, limita».

Mantenernos ocupadas creando, produciendo, trabajando y poniendo atención en lo que realmente es valioso de la vida es indispensable para alejarnos de la *piensamentitis* y para mantenernos activas, diligentes y seguras.

Otro importante factor que nos distancia de lograr una plena confianza en nosotras mismas es el miedo a la crítica. Tampoco es humanamente posible complacer a todo el mundo. Exponernos a recibir retroalimentación de los demás, a escuchar opiniones y puntos de vista, es cotidiano y debe ser parte de nuestra existencia. Cada cabeza es un mundo y cada quien tiene una perspectiva propia e individual. Ser receptivas y aceptar con humildad las sugerencias, habla muy bien de nosotras. La autocrítica siempre será útil. Tener disposición a admitir nuestros errores para corregirlos nos centra y nos hace crecer.

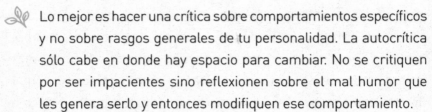

## Consejos prácticos para una autocrítica constructiva

🌿 Lo mejor es hacer una crítica sobre comportamientos específicos y no sobre rasgos generales de tu personalidad. La autocrítica sólo cabe en donde hay espacio para cambiar. No se critiquen por ser impacientes sino reflexionen sobre el mal humor que les genera serlo y entonces modifiquen ese comportamiento.

🌿 Reconocerte vulnerable a las circunstancias externas, esas que no están bajo tu control, es preferible a negarlas. Es inevitable que nos afecten, pero está en nuestras manos tomar decisiones que nos acerquen a un lugar más inmune.

🌿 El chiste de equivocarse es aprender y mejorar. No se azoten si lo que han hecho ha sido positivo o negativo. En lugar de eso reorienten su atención a cómo pueden profundizar sobre lo sucedido para asimilarlo e integrarlo en el futuro.

🌿 Todo ejercicio de autocrítica debe ir acompañado de autocompasión. Mucho ojo con esto porque la autocrítica no es para que se culpen ni se avergüencen de ustedes mismas. Aceptar que con todo y nuestras imperfecciones valemos oro es un gran acto de amabilidad con nosotras mismas.

Otro hábito letal que nos distancia de ser mujeres con certidumbre y determinación es ser mujeres multitarea, capaces de hacer seis cosas a las vez. Hacer una presentación, mientras hablamos por teléfono y nos pintamos las uñas. Hemos creído que esto es una ventaja y una herramienta útil. Sin embargo, es un gran enemigo. Puede pasar de ser un mecanismo dinámico y de acción, a un productor de ansiedad brutal que nos abruma y nos presiona como si tuviéramos un observador que evalúa nuestro desempeño mientras intentamos mantener varias pelotas en el aire al mismo tiempo. Como si ello nos acercara a una victoria o algo similar, cuando en realidad no tiene un valor de peso que nos defina como personas triunfadoras. Al contrario, hacer muchas cosas a la vez nos atrofia, volviendo lenta nuestra capacidad de logro. Concentrarnos en conseguir una cosa a la vez es mucho más poderoso de lo que imaginan.

Seamos mujeres seguras de nosotras mismas. Con acciones, con trabajo duro, estirando la liga un poquito más cada vez, saliéndonos de nuestra zona de confort lo más seguido posible, teniendo éxito y fracasando en muchos experimentos que nos propongamos de toda índole, no sólo profesionales, sino también personales, sociales y espirituales; formando parte de una espiral en continuo movimiento y conscientes de que esa es la vida más enriquecedora y la manera más segura de darnos satisfacción.

Sé que todavía piensan que tomar acción no es nada fácil, y que antes de animarse a hacer algo se van a preguntar: ¿cómo doy el paso?, ¿cómo me animo? Vamos por partes. Primero les platico de otro gigante obstáculo para atrevernos a hacer las cosas: el perfeccionismo.

## • MARAVILLOSAMENTE IMPERFECTA

El perfeccionismo mata sueños. A través de estos años, he tenido muchos encuentros con mujeres, ya sea en cursos, pláticas, sobremesas o, incluso, acercamientos vía correo electrónico, y he notado una creencia generalizada de que el perfeccionismo las hará mejores y las hará sobresalir. Este es un tema al que hay que entrarle con el corazón abierto, pues es quizás uno de los mayores impedimentos que una mujer puede tener en su camino para ser libre y capaz de tomar las decisiones que la hacen feliz.

El perfeccionismo es un gran ahuyentador de la confianza, y quizá esté siendo repetitiva sobre este tema, pero tenemos que abandonar la creencia de que la exigencia de que todo nos salga o sea perfecto nos llevará al éxito.

*¿Quieren escuchar música para sus oídos?*
*Es imposible ser perfectas.*

Lo que sí es posible es que nuestra obsesión por ello nos aísle de la realidad y nos aleje de ser felices y de tener el control de nuestra vida. Voy a profundizar en este tema, porque es fundamental para darnos cuenta de que buscar mejorar por tiempo indefinido puede hacernos muchísimo daño.

Lo primero que quiero compartirles es que la cantidad de tiempo que una mujer dedica a hacer las cosas con perfección es mucha... perdón, es demasiada... No, perdón: es una gran pérdida de tiempo.

Me gusta pensar que hay dos tipos de mujeres: las que hacen y las que quieren hacer, y lo que las distingue es que unas ejecutan y las otras no; las que ejecutan, es decir, las que actúan, las que no busca el perfeccionismo, sino que buscan avanzar.

En realidad, nadie avanzaría si esperáramos a ejecutar en el momento perfecto. Es más, si buscamos, podríamos encontrar en cada rincón barreras, pretextos o defectos para hacer las cosas.

Tal Ben-Sahar, un maestro de la Universidad de Harvard a quien he leído mucho, sugiere cómo debemos sustituir el perfeccionismo por el optimalismo, entendiendo que el perfeccionismo rechaza la realidad y el optimalismo la acepta. El optimalismo es vivir de la mejor manera posible con lo que se tiene (virtudes, talentos, habilidades, materia prima, etcétera).

Los perfeccionistas nunca están satisfechos porque siempre están buscando algo que no tienen. Los optimalistas, al aceptar nuestros recursos y nuestra realidad como algo natural, vivimos de una manera más plena y llena de experiencias, pues TODAS nos enriquecen.

Las grandes personalidades optimalistas exploran los grises en lugar de cerrarse a lo blanco y a lo negro, a lo bueno y a lo malo. El mundo está lleno de posibilidades y opciones, y todas son válidas; a veces nos toca vivir buenas situaciones, otras veces hay que experimentar las no tan buenas y hay que saber abrazar las peores. Es de mujeres excepcionales saber que las emociones negativas o el dolor vienen por algo y que es su naturaleza aparecer en determinados momentos de la vida para ejercer su específica función y que, en algún punto, se irán. No queremos ser las perfeccionistas que encuentran peros a la menor provocación y que viven una vida de insatisfacción, porque, ¡claro!, todo podría estar mejor. Las mujeres que le encuentran defectos a casi todas las cosas padecen obsesiones poco sanas, como la de ver con frecuencia los vasos medio vacíos, lo cual genera una decepción perenne que las convierte en expertas en encontrar las mínimas imperfecciones hasta en los momentos más bonitos. Y eso es si hablamos del mundo exterior, porque si volteamos a ver por dentro a las perfeccionistas, hay una rigidez consigo mismas que las hace severas y duras, como si con ello lograran no errar.

El ejercicio que sugiero que pongan en marcha es que se concentren en el proceso y no en un resultado perfecto. El objetivo es aprender, equivocarnos, vivir cosas, trabajar, perseguir sueños. Por fa, que el objetivo no sea ser perfectas porque, en serio, van a tronar.

Además, aquí surge una pregunta: ¿qué es perfección? Si trabajan tres años diseñando la página web en la que venderán sus camisetas y con ello creen que han alcanzado la perfección por haberle dedicado tanto tiempo, créanme que unos años después voltearán a verla y dirán: «¿Neta?, ¿ese era mi mejor diseño?».

Las cosas están cambiando muy rápido, nos tocó vivir en una era en la que actuar con agilidad es uno de los mayores atributos que podemos tener.

¡A vivir, queridas! No esperen a tener el producto perfecto, porque si lo hacen, y lean con atención, puede ser que el lanzamiento de su gran y perfecta idea lo hagan festejando ¡con sus nietos! La vida es compleja y muchas veces dura. Obstinarnos en vivirla con perfección puede ser un gran error, como el que cometí yo durante varios años. Pasé por una etapa tormentosa, complicada y llena de adversidades. Durante este periodo me alejé de saber quién era. Intenté buscar un rescate en un par de matrimonios fallidos con tal de sentirme amada, protegida y reconocida. Lo que en realidad encontré fueron los lados más pavorosos de las relaciones humanas y la violencia más innecesaria a la que una mujer puede someterse buscando su sueño.

Un buen día desperté y tomé la decisión de que mi único sueño en la vida sería no sufrir y vivir como me imaginaba que lo hacían las mujeres perfectas y felices, así que me comprometí a luchar todos los días para lograrlo. ¿Saben qué pasó? Sin darme cuenta, me condené a vivir una gran decepción, ya que, ¿qué creen?, en el mundo real este sueño nunca se logra. **La vida perfecta es un espejismo; no existe.**

Lo que yo había entendido de la vida hasta ese momento era que las emociones negativas y el fracaso no cabían en una vida feliz. Había que desviarse de los caminos que estuvieran construidos con los materiales radioactivos que nos alejan de una vida llena de bienestar y armonía. ¿Llorar? ¡Nunca! ¿Sentir dolor? Nombre, si yo soy bien fuerte; para nada. ¿Tener malos ratos? Jamás. Según yo, esa era la vida feliz. Pero me equivoqué.

Buscar tener la vida perfecta es la máxima de las condenas a precisamente no tenerla, porque no alcanzarla genera profundos niveles de ansiedad y una constante frustración.

La realidad no es perfecta. Cuando la aceptamos y admitimos las emociones negativas como parte inevitable de nuestra condición humana (sin querer suprimirlas), las podemos experimentar y obtener de ellas un aprendizaje. El mundo siempre tendrá limitaciones y dificultades; la idea es saber ser felices con ellas. La realidad es increíble y hay muchas herramientas para vivir disfrutándola.

Por favor, hagan esto para poder seguir adelante con nuestro libro, cierren los ojos y repitan conmigo: «En este preciso instante, mi concepto de perfeccionismo deja de ser una gran virtud para convertirse en uno de mis peores defectos».

## • INSTRUCCIONES PARA ABRAZAR LOS MIEDOS

La primera vez que me preguntaron qué haría si no tuviera miedo, me quedé helada por la cantidad de cosas por hacer, sueños a realizar, emociones por sentir e ideas por expresar que estaban en el cajón de mis miedos.

Voy a tener que ser contundente, y pido de antemano una disculpa, pero ¿les digo algo?: todas nos estamos muriendo. Sí. Si la muerte nos llegara pronto, ¿qué se propondrían hacer hoy?, ¿se arrepentirían de no haber hecho algo?, ¿qué sería eso?

Pensar en la muerte siempre es un soldado combatiente contra el miedo. Pero alto. ¡No pensemos en morir! ¡Estamos aquí a todo dar todavía! Lo importante y lo que quiero que sepan de ahora en adelante es esto: el miedo no se debe combatir.

El hecho es que todas nos acercamos cada día hacia el día final de nuestras vidas y, a reserva de que en unos años alguien descubra que hay más vida después de esta, todo lo que queremos hacer hay que hacerlo aquí, en esta. Para ello, hay que perder el miedo o, dicho a mi manera, vivir con él.

Déjenme comenzar contándoles un poquito sobre mi infancia y mis miedos. Cuando yo era niña, me daban miedo muchas cosas: la oscuridad, subirme a un árbol, hablar enfrente de la gente, hasta hacer un pastel me provocaba temor. ¡Casi todo me daba miedo!

Con el tiempo me fui dando cuenta de que lo único que el miedo hacía en mí, era cerrarme una gran cantidad de puertas; puertas que me podían llevar a nuevas experiencias, a nuevos conocimientos, a nuevas relaciones, a nuevas emociones de las que me estaba privando por no poder controlarlo.

Este miedo era espantoso porque, además de ser paralizador, había vuelto aburrida mi vida, esa en la que ya no me atrevía a hacer cosas y siempre terminaba haciendo lo cotidiano, lo seguro, y en la que así lo repetía hasta el cansancio.

Mi miedo se volvió también aburrido, porque siempre era el mismo. Me generaba las mismas sensaciones, con sus mismos matices, una y otra vez. Ni siquiera me daba un miedo diferente. Hoy podría asegurar que el miedo era tan invariable y común que seguramente era el mismo para todos. Lo menos auténtico del mundo. Ese tono repetitivo y monótono que me hablaba al oído diciendo: «Tati, no lo hagas, no lo hagas, no lo hagas...».

Y entonces descubrí algo que les quiero compartir: **me asocié con mi miedo.** Tenemos que empezar a entender el miedo como un aliado y como un sentimiento que forma parte de nosotras.

*El miedo es parte de los seres humanos y todos llevamos una dosis dentro, porque es un instinto natural de supervivencia.*

Si no existiera el miedo en nuestro paquete de ADN, seríamos capaces de muchas cosas raras, como nadar en un mar lleno de tiburones, aventarnos de un avión sin paracaídas o cruzar una avenida con los ojos cerrados.

El miedo está diseñado para protegernos del peligro, y eso es supervalioso. Pero ¿miedo a crear? ¿Miedo a expresarnos? ¿Miedo a ser nosotras mismas? ¿Miedo a emprender? Ese no es de ninguna manera necesario.

Sin embargo, pareciera que el miedo no distingue situaciones. ¡Ah!, pero cómo le gusta a ese condenado visitarnos en nuestros momentos más creativos, cuando se trata de innovar, de decir lo que sentimos, de crear un nuevo proyecto, de exponernos ante un público. Llega y ataca sin piedad. Pero ¿qué creen? Eso también es natural y es humano. Lo que yo he aprendido en estos años es que cada vez que voy a iniciar una nueva ruta, un momento creativo, un deseo de hacer algo, sé que va venir el miedo a molestarme y lo que hago, entonces, es *bienvenirlo*. Antes me peleaba con él todo el tiempo, tratando de ahuyentarlo en mis momentos emprendedores, porque sabía, y me frustraba, que estaría al lado mío, bien pegadito otra vez a mi oreja, como cuando era chiquita, tratando de paralizarme al decirme: «Tati, no lo hagas, no lo hagas…».

¡Noticia! Entre menos lucho contra el miedo, menos lucha él contra mí. *Bienvenir* al miedo significa aceptar que vivirá siempre conmigo y que acompañará muchísimos momentos en mi vida, y que eso está muy bien.

Cada vez que se me ocurre una buena idea, sé que va a venir acompañada de miedo. Cada vez que estoy por arrancar un nuevo proyecto y lista para escribir una nueva historia, sé también que el miedo estará presente, y cada vez que tengo que tomar una decisión o hacer un cambio significativo en mi vida, ya sé que cerquita de mí estará gritando con todas sus fuerzas que no lo lograré.

Cuando aprendí a hacer del miedo un pasajero más en mi vida, les prometo que todo fue mas fácil. Desde entonces sé que es mi fiel y leal compañero, que siempre va a estar conmigo y que nunca me va a abandonar.

Trato, en la medida de lo posible, de darle su lugar y hacerlo sentir cómodo y a gusto para que pueda hacer su trabajo de manera digna, que es, por supuesto, el de apanicarme. Lo importante es no dejar de ser perseverantes en nuestra meta.

*Si estamos concentradas en realizar nuestro sueño y trabajamos duro para lograrlo, con el entendimiento de que vendrá con todo y miedo, tarááááán, todo es más fácil.*

Estemos más bien atentas a la inspiración, estimuladas y motivadas para que la creatividad fluya sin que nada la detenga; estoicas con la regla de que nunca dejaremos que el miedo tome ninguna decisión por nosotras.

No tiene nada de peligroso pedir un aumento, pero igual da miedo; entonces, empecemos a concebir el miedo como un elemento que viene incluido en nuestro paquete y tomemos consciencia de que va a aparecer de manera natural en nuestro cuerpo en momentos de retos, de desafíos, de incertidumbre, etcétera.

¡Claro! Todas solemos luchar contra él y tratamos, en la medida de lo posible, de sacarlo de nuestro sistema como si nos estorbara, pero esto es porque nos han educado para pensar que así debe ser. Hoy cambiaremos.

Ahora sólo me atemoriza perder las cosas tan valiosas y tan bonitas que he logrado con mucho esfuerzo, como la memoria de todo lo aprendido, o dejar de tener los mejores orgasmos, o que los decibeles de mis carcajadas bajen con el tiempo.

> ¿Quieren saber cuáles son los miedos que compartimos como seres humanos?

Ubicar nuestros miedos básicos nos permite entender cómo se construyen el resto de nuestros temores. De acuerdo con el doctor en psicología Karl Albrecht, estos son:

**Miedo a la muerte.** La idea de no volver a despertar es una ansiedad existencial primaria en todos los humanos.

**La mutilación.** El miedo a perder alguna parte de nuestro cuerpo o de perder la integridad de cualquier órgano es algo muy natural en nosotros. De este miedo se origina la ansiedad que pueden provocarnos algunos animales como insectos, arañas o serpientes.

**Perder la autonomía.** Es el miedo a quedar inmovilizado, paralizado, abrumado, atrapado, encarcelado, sofocado o bajo circunstancias fuera de nuestro control. Es un miedo que comunmente se extiende a nuestras relaciones personales.

**Separación.** Es el miedo al abandono, al rechazo y a la pérdida de conexión. Es el temor a convertirse en una persona no deseada, respetada o valorada por nadie.

**La pérdida de la integridad del ser.** También conocido como «la muerte del ego», es el miedo a la humillación, a la vergüenza, al fracaso y a cualquier otra manera de autodesaprobación profunda.

Prométanse que cada vez que aparezca, estarán listas para decir: «Aquí está el miedo, ese sentimiento que va a existir en mi camino toda la vida, que se va a sentar sobre mis hombros cada vez que venga un reto y, en vez de sacarlo a la fuerza, lo voy a abrazar y voy a decirle: 'Ah, ya llegaste; perfecto. Tu labor, miedo, es hacerme temblar, dudar, paralizarme, ya lo sé. Entonces hazlo, porque si te trato de sacar, terminas por hacer muy bien tu trabajo, pero si te dejo hacerlo, entonces te detienes y me permites continuar'. Entonces, todas, a abrazar al miedo.

Adiós a esa frase de «hay que vencer el miedo»; es más bien hacerse su amiga para que no nos moleste tanto.

Una vez que detectemos su llegada, diremos: «¡Ah, qué bueno, eres normal! OK, ¿qué siento? La panza durita, me duele la espalda, me veo tensa; sí, ¡ah!, ¡pues está haciendo su trabajo! ¡Qué bien! Pues para eso está».

Déjenlo operar para que se aburra y se vaya solo. Una cosa es segura: si dejamos que el miedo nos paralice y nos lleve a la inacción, nos vamos a arrepentir. **Siempre nos vamos a lamentar más de lo que no hicimos que de lo que hicimos.** Más vale equivocarse una y otra vez, y las veces que sean necesarias. En síntesis, la fórmula que no puede fallar respecto de la confianza en nosotras mismas es: pensemos menos y actuemos más.

Por último, les regalo un coctelito infalible o la pócima mágica que les prometí. Se toma todas las mañanas como remedio casero para la confianza en nosotras mismas.

- *Un puñito de vernos al espejo en las mañanas religiosamente y aplaudirnos.* Nadie puede ser mejor palera que nosotras mismas. Somos capaces de lograrlo todo, así que basta llevarlo a acabo. Usen el espejo como un aliado de motivación y potencia. Nunca más como una imagen de crítica.
- *Un chorrito de agua helada al terminar el baño.* Esto con el fin de recordarnos nuestra fuerza interior para hacernos salir al mundo desbordantes de confianza en nosotras mismas. Todos los días hay un motivo allá afuera por el cual luchar, y llegar vigorizadas hará la diferencia.
- *Una cucharadita muy chiquita de ambición.* Pónganse objetivos realizables y alcanzables, organicen las acciones que paso a paso las llevarán a su meta y caminen una a una, en orden. Anhelen cosas viables y dejen que estas crezcan a medida que las vayan palomeando. No cometan el error de pretender lograr algo enorme en tiempo récord, porque el dolor del fracaso puede retrasar el proceso del éxito de una manera no muy grata.

Terminemos con una reflexión que nos recuerda todo lo aprendido (tatúense esto, por favor):

## Tomemos riesgos y seamos capaces de reponernos del fracaso.

No se preocupen por sus habilidades y sus talentos: estos se aprenden, se desarrollan y se dominan. El esfuerzo con el que actuamos, la fe que le depositamos a ser cada vez mejores y la actitud con la que nos acercamos un cachito más cada día a nuestras metas, determinan nuestro camino al éxito.

Empiecen chiquito: actuemos, hagamos y decidamos. Si tienen pena de hablar con el doctor, hablen con el doctor. Si titubean hablando en público, hablen en público. Si desconfían de su capacidad de ponerle un alto al jefe que abusa, pónganle un alto. Si temen hacer un pescado a la sal, hagan un pescado a la sal. Si tienen una duda, pregunten. Si quieren separarse de su pareja, sepárense de su pareja. Y una disculpa si soy tan categórica y parezco rebelde, pero un buen día decidí que si ese era mi único camino para ser autentica y libre, lo tomaría.

Quiéranse con sus propias imperfecciones, cuídense a ustedes mismas antes que a los demás, sean tolerantes y compasivas con su propio ser, piensen menos y actúen más, rompan sus patrones negativos y prioricen los pensamientos positivos. Todo está bien.

Les doy un tip que suelo seguir yo: antes de salir de mi casa pienso en llevarme el mismo nivel de autoridad y confort que tengo dentro de ella cuando nadie me ve, y así salgo al mundo y lo proyecto allá afuera; eso me ayuda a hablar sin miedo y con determinación; sólo así seremos mujeres desbordantes de confianza en nosotras mismas. **¡Manos a la obra, porque el mundo es de las valientes!**

¡Ah, y ojo!: buscamos ser libres y esto requiere ser y estar abiertas a más de una manera de ser y de ver las cosas, por más probada que tengamos la fórmula. Ser espontáneas y naturales con el fin de poder bailar al son que nos pongan, será siempre un acierto y una inteligente manera de acercarnos a nuestra nueva esencia, que sabe también fluir con la vida, adaptándose y acomodándose en lugares o situaciones distintos a los habituales.

## ¡A brillar!

- Las mujeres y los hombres tienen habilidades intelectuales idénticas; sin embargo, el miedo que las mujeres le tenemos al fracaso nos deja en clara desventaja.
- Tu cerebro es moldeable, puedes modificar patrones, puedes cambiar de raíz y reprogramarlo a tu antojo para lograr lo que buscas.
- Las acciones y el trabajo duro son factores clave para conseguir ser una mujer más segura.
- Estira la liga un poquito más cada vez, sal de tu zona de confort lo más seguido posible.
- Sustituye el perfeccionismo por el optimalismo: el perfeccionismo rechaza la realidad y el optimalismo la acepta.
- Concéntrate en el proceso y no en un resultado perfecto.

# Confianza

 Aprende a ver al miedo como un aliado y como un sentimiento que forma parte de tu naturaleza.

 No intentes sacar al miedo de tu sistema como si estorbara, mejor déjalo operar para que se aburra y se vaya solo.

# Cómo relacionarte con otros desde tu mejor versión

## • LA CLAVE SECRETA PARA ENCONTRAR EL AMOR

**T**engo la clave secreta para una relación de pareja. Y ustedes se preguntarán: ¿cómo es posible tener la fórmula para una buena relación de pareja si todo es subjetivo, cada cabeza es un mundo y nadie tiene la verdad absoluta para relacionarse con alguien más porque todos somos distintos?

Bueno, antes que nada, tengo una anécdota importante que quiero compartirles. Cuando yo cursaba el tercero de primaria, invité a todas mis amigas a comer y para mí era increíble que vinieran y conocieran a mi papá, porque él es muy divertido y un personaje imperdible. Estábamos todas comiendo cuando él nos preguntó qué queríamos ser de grandes; unas decían que maestra, otras que bailarina, algunas más que veterinaria… y yo dije «esposa»: «Yo de grande me quiero casar y quiero tener hijos».

A partir de entonces comenzó mi búsqueda. Los astros se alinearon de tal manera que pude hacer todos los experimentos humanos posibles para tener una relación de pareja ideal, y toda esa experiencia me avala para poder hablarles del tema, dado que pude contemplar diversas visiones y muy distintas formas de relacionarse en pareja.

¿Qué tal que les dijera que existe una fórmula mágica e infalible para tener relaciones exitosas?

A través de mi experiencia trabajando entre y con mujeres, nunca he conocido alguna que no esté interesada en mejorar las relaciones que tiene con los que la rodean y ni se diga su relación sentimental de pareja. Siempre hay este entusiasmo por ser mejores y, por supuesto, por tener una mejor relación sentimental, lo que es muy lógico, pues tener relaciones sanas tiene mucho que ver con tener vidas plenas, tranquilas y muy satisfactorias.

> *La madurez se relaciona con saber ser*
> *feliz en completa soledad.*

Eso es una condición fundamental para poder hacer casi, casi cualquier cosa en la vida desde un lugar armonioso en lo emocional. Sin embargo, somos seres de carne y hueso, conformados también por anhelos, como ser valoradas, ser reconocidas, ser escuchadas y ser amadas. Somos seres gregarios y aprender inteligentemente a relacionarnos con los demás será la clave para sumar a nuestra vida.

Por tanto, es claro que es muy satisfactorio y muy sabroso tener conexiones amorosas con las personas, porque al final del día, creo que uno de los fines últimos de esta travesía es compartirla, y la sensación que produce hacerlo es de las más gratas que existen. Suena bien, ¿no? ¡Hasta se dice fácil! Pero estamos aquí leyendo estas páginas porque sabemos que las relaciones interpersonales, y sobre todo las amorosas, son complejas y ciertas veces las convertimos nosotras mismas en todo lo contrario a un grato sentir.

Mi inquietud por descifrar las relaciones entre las personas me ha llevado a entrevistar a cientos de parejas, indagando las entrañas de los corazones de conocidos y desconocidos, buscando respuestas y fórmulas de lo que en verdad funciona en la unión de dos personas.

Los que me conocen saben también que mi investigación no sólo se ha limitado a encuestar, sino a vivir con intensidad los vínculos que me han tocado y a hacer de ellos grandes aprendizajes: saber quién soy y cómo puedo relacionarme desde mi mejor versión. Llevo muchísimos años aprendiendo a estar donde estoy y hoy puedo asegurar con orgullo que aprendí, que las experiencias buenas y malas sirvieron y que la lección me quedó clara, que las relaciones de pareja son oportunidades maravillosas que nos da la vida para conocernos y hacer de nosotras una mejor mujer.

Elegir amar. ¡Ah, pero cómo nos sienta bien amar y ser amadas! ¿Se dan cuenta de la potencia que tiene el amor si de búsqueda de sentido se trata?

Hablemos de amor, hablemos de elegir amar. Dicen por ahí que las parejas amorosas son espejos que reflejan nuestro propio ser. Sí lo creo. Las personas vibramos a distintas frecuencias que conectan o no con los demás, y eso evidencia que todas creamos nexos con la gente con la que somos compatibles, porque de alguna manera podemos vernos en el otro, aunque no estemos muy conscientes de ello.

Siempre digo que las parejas, para ser parejas, deben ser parejas. Y es justamente hablar de dos personas que se vinculan, porque se ven reflejadas en el de enfrente, porque tienen gustos en común, porque buscan las mismas respuestas, porque disfrutan placeres similares, porque comparten ilusiones y porque entienden de manera similar el mundo.

¿Y por qué entonces hay tantas parejas tan disparejas? ¿Por qué una mujer que no toma alcohol está casada con alguien que sí lo hace y mucho? ¿Por qué un hombre al que le gusta trabajar mucho es pareja de una mujer que considera el trabajo como el culpable de la ausencia de su esposo? ¿Por qué están juntas dos personas cuyas fantasías sexuales son por completo distintas?

Porque no se han detenido nunca a cuestionarse quiénes son y qué quieren.

Es brutal la fuerza con la que nos hemos arraigado como sociedad al concepto de pareja amorosa que diseñó quién sabe quién, quién sabe cuándo y quién sabe por qué. La gente se sigue relacionando bajo los mismos parámetros que han usado los demás miembros de nuestra sociedad por inercia, sin ni siquiera haberse sentado con ellas a investigar cómo les fue en la feria. Nacer, crecer, desarrollarnos, tener un novio, tener un par más, encontrar un marido —de preferencia perfecto— que nos ame, nos consienta, nos mantenga, casarnos, tener hijos, tener nietos y asunto arreglado.

Nos han dicho que busquemos el amor y que este se encuentra en alguien más; hemos crecido educadas por cuentos de hadas en los que las mujeres tenemos la opción de esperar a que el amor llegue y, con suerte, en forma de príncipe azul, o, bien, salir a buscarlo si no aparece, no vaya a ser que se siga de frente sin haberse percatado de que ahí estábamos listas, esperándolo con el vestido de novia en la cajuela.

Yo no sé ustedes, pero veo una tendencia abrumadora de que este modelo fracasa. Relacionarse porque es lo que toca, y pensar que mi pareja me va a completar y va a llenar una parte de mi vida es un error.

¿Llenar una parte? ¿Esta vacía? Como si naciéramos con un hueco en el cuerpo que un hombre tuviera que llenar para entonces poder realizarnos y caminar completas. Esta es la peligrosísima y muy tramposa afirmación: «necesitar a un hombre para ser feliz».

*Pongan mucha atención: NO se necesita a un hombre para ser feliz. Cuando una es feliz, la vida se encarga de ponernos cerca de un hombre con quien compartir nuestra dicha.*

Gloria Steinem, la gran feminista, periodista y escritora judía estadounidense, navegó por la vida con una frase que no nos vendría mal tatuarnos mentalmente porque es divertida, profunda y muy poderosa: «Una mujer sin un hombre es igual a un pez sin una bicicleta».

## Cuentito de mi abuela Pollito

**Cuando yo era chiquita, no tenía la capacidad intelectual ni la experiencia de entender las sabias palabras de mi abuela cuando me decía:**

Yo no estoy pendiente de que me quieran o no, ni de cuánto. Yo lo que gozo es querer.

Cuando quiero, siento alegría, y eso lo decido yo, lo controlo yo; entre más quiero, más feliz soy.

Si mi felicidad dependiera de lo que los otros sienten por mí, no sé qué sería de mi corazón, porque a veces estaría al tope el amorómetro y otras en el foco rojo, alertando la falta de cariño.

No soportaría la idea de entregarle el centro de mi bienestar a todos los que yo tanto quiero. Harían un desbarajuste.

Amar es mi alegría.

Hoy entiendo el profundo significado que tenía esta visión sobre el amor de una mujer que vivió desbordada de amor.

¿Se imaginan tener que pedirle prestado un pulmón a alguien para poder respirar? Absurdo, ¿no? Qué cansado, qué dependencia, qué impotencia... Entregarle a una persona la responsabilidad de hacernos felices es lo más riesgoso que podemos hacer. Por desgracia, así crecimos y aprendimos muchas de nosotras, entregando el control de nuestra felicidad, sin darnos cuenta de que estábamos perdiendo una parte de nuestro ser, la más preciada, la que mantiene en nuestras manos, sin soltar jamás, el control de nuestro propio bienestar.

Hemos crecido también bajo un sistema que dicta los tiempos y formas de las relaciones de pareja. Distintas etapas que evolucionan y derivan en la que sigue como si fuera manda. Enamoramiento, noviazgo, consolidación de la historia de amor y matrimonio.

Mi propia historia confirma que durante muchos años busqué que un hombre me hiciera feliz. Si de paso podía venir a caballo y con capa, mejor aún, pues, como ya les dije, muchas mujeres de mi generación tenemos bien tatuados en el alma los cuentos y las películas infantiles que nos prometían una vida perfecta.

Ni las princesas ni los príncipes existen en mi barrio, ni en mi ciudad, ni en mi país. Así crecí. Bajo la influencia abrumadora del esquema y modelo del amor que me enseñó mi entorno y no mis propios deseos. ¿Y qué pasó? Me tropecé una y otra vez. Me di de topes buscando y me perdí cientos de veces. ¿Por qué? Porque no existe tal cosa. Los cuentos son cuentos e ilusiones de la realidad. Una expectativa falsa e irreal que me llevó a situaciones extremas en mi terco y obstinado deseo de tener una relación perfecta, como la que yo había imaginado.

Lo frustrante es que las mujeres tenemos que ir descubriendo que este cuento no es real a costa de mucho dolor y de muchas decepciones.

En lugar de creer en las narraciones maravillosas de cuentos, habría que voltear a ver la verdadera historia. O bien, darse cuenta de que el camino más efectivo para ser exitosas en una vida en pareja tiene que ver con amarse tanto a una misma que las ganas de salpicar de esta frecuencia positiva y de esta energía de abundancia sean muchísimas como para compartir la vida con alguien que se encuentra en esa misma dinámica. Es lo más enriquecedor y glorioso que un ser humano pueda experimentar.

En otras palabras, cuando entendemos las relaciones como mágicas oportunidades de intercambio de lo mejor de cada uno, y no como intercambio de necesidades, la vida cobra un sentido digno de atesorar. Esto debería de estar sonándoles muy bien a muchas de ustedes, pues la noticia aquí es que la incómoda persecución para conseguir el amor en los brazos de alguien, como si fuera el juego de la búsqueda del tesoro y como si todos los seres humanos hubiéramos estado diseñados para transitar esta aventura cazando la mitad de nuestro corazón —que algún día le fue otorgado a alguien al azar en el planeta— debajo de cada piedra, detrás de cada árbol y entre puestas de sol, se ha terminado, no existe más, no hay tal ni nunca hubo.

Si nos dejamos llevar por los mágicos e inciertos mundos del destino del amor, nuestra vida puede ser un reverendo desastre. En cambio, si nos proponemos conocernos y queremos tomar conciencia sobre nuestra propia vida para poner atención en lo que somos y queremos ser, las relaciones de pareja toman el camino correcto: el de compartir un cachito de lo que somos con alguien que goza hacer lo mismo con nosotras.

*Las parejas no se funden como dos metales al fuego. Nadie es dueño de nadie. Nadie decide por nadie. Nadie limita a nadie. Nadie es aval de nadie. Nadie ha perdido a nadie. Nosotras solitas escogemos la estrella a la que nos dirigimos.*

Tener la capacidad de vivir sin necesitar el pulmón de alguien más para respirar es fascinante, porque nos hace mujeres libres, mujeres fuertes, mujeres seguras, mujeres completas. ¿Les digo algo que les va a encantar? Nos hace mujeres atractivas. Cuando dejamos de creer que otra persona hará que nuestra vida tenga más sentido, de inmediato nos empoderamos, porque no cometemos la irresponsabilidad de dejar nuestra felicidad en manos de un señor.

La necesidad de ser amadas es vital; la condición de que ser amadas es igual a encontrar a un hombre que nos cubrirá dicha necesidad fue sólo un cuento. ¡Despertemos! Fue sólo Disney; tranquilas, todo está bien.

Las reglas del enamoramiento, de las citas a ciegas, de los comportamientos de las mujeres con los hombres, de los matrimonios, de los noviazgos o de los romances son obsoletas. No hay reglas. Cada cabeza es un mundo, y las mujeres que toman sus propias decisiones marcan sus propias reglas.

Nosotras elegimos si queremos ser solteras, no lo están decidiendo los 643 posibles candidatos a ser los dueños de la mitad de nuestro corazón, aquel que fue partido en dos cuando nacimos y que en secreto se lo entregaron a un desconocido. Nadie vendrá a decirte que eres bonita, perfecta, talentosa o divertida; eso lo decides tú, y lo sabes tú, y lo haces tú. El reconocimiento de los demás será una historia aparte y lo necesitaremos cuando hablemos de equidad y de apoyo entre una pareja, de lo cual hablaré más adelante.

Piensen en esos sentimientos bonitos que nos provoca tener una pareja ideal: protección, certidumbre, seguridad, compañía, ternura, apapacho.

¡Noticia!: todo eso no lo provee un hombre. Todo eso nos lo proveemos nosotras. Protéjanse, diseñen su propia vida, tengan confianza en sí mismas, sean amables para estar rodeadas de cariño, consiéntanse y apapáchense. Verán entonces que lo que resta son puros lujos y cerezas sobre el pastel que se generan cuando se comparte la vida con alguien desde el pleno amor a una misma. Sean capaces de mantener tres entidades: YO, ÉL y el vínculo que nos une.

El amor no se da, se tiene. Lo que se da son muestras de alegría de convivencia positiva, de momentos mágicos, de deseo de hacerle bien al otro y de sacar su máximo potencial, de complicidad, de cercanía, que fortalecen el amor del que vengo hablando, el que nosotras mismas nos vamos a construir por dentro con nuestras propias manos.

No necesitar a un hombre para ser feliz y tener el corazón lleno, la mente plena y el espíritu entusiasmado es uno de los aprendizajes más importantes que yo he tenido en la vida y, sin lugar a dudas, la clave máxima para que una pareja funcione.

Cuando una alcanza esos niveles de quietud consigo misma, la relación de pareja camina y fluye con naturalidad; esa que es espontánea y con la que se vive más bonito.

Voy a insistir hasta el cansancio, pero es que no podemos avanzar sin incorporar el concepto a nuestra piel:

 *El amor verdadero vive dentro de nosotras.*

Cuando es tan fuerte y tan radiante que está listo para percibirse e irradiarse, seremos capaces de compartirlo con una persona, capaces de compartir aquella cosa bonita que emanamos. El amor a nosotras mismas nos hace actuar con amor, y actuar con amor genera más amor. El amor propio nos embellece y andar por la vida con los ojos brillando nos vuelve irresistibles.

Mi abuela tenía mucha razón, pues el efecto multiplicador que tiene el amor y actuar de manera amorosa, lo que ella enunciaba como «no necesito que me amen si lo que me llena es amar», es fascinante, porque, sin darnos cuenta y sin buscarlo, nos hace sentirnos amadas. Llega un momento en el que darlo o recibirlo no tiene mayor relevancia; lo mágico y lo valioso es vivir dentro de él. Una vez que entendemos que el amor no tiene nada que ver con el comportamiento de los demás hacia una, comprendemos que en el estricto estado de conexión con el amor no existen la manipulación, la discriminación ni la codependencia.

Esto va para todas mis queridas solteras: esa espantosa preocupación de no encontrar el amor será cosa del pasado, porque hoy sabemos que cuando no tenemos pareja, es tiempo de recordar que no estamos preparadas aún y que no estamos completas dentro de nosotras mismas por lo que, ¡bingo!, sabemos que es una oportunidad de trabajar dentro y no fuera.

¡Cuidado! Les puedo asegurar que si hiciéramos una encuesta anónima a todas las mujeres del mundo preguntándoles si la decisión de tener pareja se basó en su necesidad de sentirse completas por alguien, créanme que se sorprenderían. No queremos ser parte de esa estadística.

## • LAS PAREJAS QUE FUNCIONAN

¡Estamos listas! ¡Ya lo entendimos! Ahora... hablemos de las parejas que funcionan y cómo hacer que la nuestra sea una de ellas.

Hay, desde luego, muchas variantes que componen una buena relación de pareja. Me interesaría detenerme en algunas de ellas, porque me parecen cruciales una vez que tenemos entendido lo anterior y que estamos inmersas en una relación que queremos mantener robusta y por el mayor tiempo posible. Aquí, y desde mi muy personal óptica y humilde conocimiento en el tema, les enlisto siete principios de una sana vida en pareja:

## 1. Si no te gusta algo del otro, cambia tú

Encuentra la diferencia entre estos casos:

**Caso 1**

A) Me molesta que mi marido no me avise a qué hora llega, porque me imposibilita seguir haciendo mis actividades por esperarlo a cenar.

B) Como no sé a qué hora llega mi marido, plantearé la dinámica de dejar comida preparada para que se la caliente al llegar, y yo no tenga que dejar de hacer mis actividades.

**Caso 2**

A) No me gusta nada que los fines de semana mi novio se quede dormido hasta las dos de la tarde porque no nos da tiempo de aprovechar el día y hacer más actividades juntos.

B) Sé que él está habituado a dormir hasta muy tarde los fines de semana, por eso yo hago planes por mi cuenta: salgo a correr o aprovecho el tiempo para convivir y desayunar con mis amigas.

**Caso tres**

A) Su manera de monopolizar el control de la TV puede llegar a ser muy irritante.

B) Cada vez que se adueña del control prefiero preguntarme, ¿en qué otros casos es él quien domina la situación? Siendo sincera, hay muchos otros escenarios en los que las cosas se resuelven a mi manera. Aceptaré que es inofensivo dejar que siga siendo el rey de la programación televisiva.

¿Se dan cuenta de cómo la misma situación en un caso es molesta y en el otro no?

A estas alturas del partido, somos mujeres que moldeamos nuestros cerebros para ajustarnos a lo que más nos gusta y nos conviene. El foco rojo que se prende cuando nos molesta algo del otro, a partir de ahora, nos alertará de algo con lo que nosotras no nos sentimos cómodas y que habrá que modificar... pero no allá afuera, sino acá adentro.

Somos muy propensas a interpretar la realidad a merced de nuestra conveniencia y de nuestras circunstancias, y esto nos pone en desventaja, porque la probabilidad de estar distorsionando la realidad es muy alta. Apeguémonos a ella para poder entender mejor lo que nos hace falta ajustar en nuestra vida.

*Es mucho más fácil que nosotras cambiemos a obligar el cambio en el de enfrente.*

Propónganse ser más tolerantes y, sobre todo, tengan la certeza de que, a pesar de que muchas personas confunden *tolerar* con *soportar* a los demás y resignarse ante las circunstancias, en realidad a lo que me refiero con ser más tolerante es a acrecentar valores que nos hacen ser mejores personas, como la comprensión, el respeto, la flexibilidad y la empatía, esa capacidad de identificarse con alguien y compartir sus sentimientos.

Tomen los momentos difíciles en pareja como oportunidades para ser mejores porque, aprendan esto como un buen día yo lo aprendí de Vanessa, una muy querida amiga, ante cada circunstancia adversa en la vida hay dos posibles opciones: armar un drama o crecer.

Adopten el segundo camino. Escuchen; no contradigan antes de pensar muy bien sus respuestas; abran su mente para poder empatizar, poniéndose en la piel del otro; respondan con silencio si no se sienten capaces de controlar su ira, pero mejor pidan respeto relajadamente, para evitar el conflicto cuando haya opiniones contrarias.

## 2. Comunicación último modelo

La mayoría de nosotras pretendemos saber escuchar pero, a la hora de la hora, desarrollamos un talento único en nuestra especie que sirve para interpretar antes de escuchar, y esto es un verdadero problema. Escuchar de verdad y hacerlo bien es indispensable si lo que queremos es una relación que funcione en concordia, como diría mi padre.

La comunicación ha sido siempre un campo complicado en las parejas y es, por lo general, un factor de desencuentro y de disgusto. Yo estoy convencida de que la falta de buena comunicación en la pareja tiene más que ver con la falta de confianza en nosotras mismas que con la propia falta de saber comunicarnos bien. Así de sencillo debería de ser: si tengo algo que decir, lo digo; si hay algo que me quieren decir, lo escucho.

Pero no, no es tan fácil, y no lo es porque tendemos a juzgar antes de tiempo. Pareciera que estamos programadas para que si no nos gusta lo que nos están diciendo, cerremos las puertas y dictaminemos de inmediato que lo que el otro opina no es verdad *porque, porque y porque*, justificándonos *a priori* o interpretando lo que nos dicen.

Aquí existen dos puntos clave:

A) Aprendamos a ser claras y honestas con lo que queremos comunicar.
B) Hablemos con la verdad pues, por alguna extraña razón, nos cuesta trabajo. Si no lo hacemos, jamás podremos tener una comunicación sana.

No se trata de hablar sin filtro, diciendo todo lo que pensamos, porque esto puede ser contraproducente y, ¡aguas!, ser tan transparente y directa puede ser un arma de doble filo.

Hablemos con la verdad sin herir sentimientos. Se trata simplemente de ser honestas, como les sugería hace un rato. No tienen una idea del trabajo que a mí me ha costado hablar sin mentiras. Se van a morir de risa, pero tengo que contarles esto: sigo sin entender la razón por la cual fui educada bajo el absurdo lema de que la hipocresía es la madre de las relaciones duraderas. Se los prometo que eso me enseñaron en mi casa. ¿Cómo puede alguien concebir que ocultar nuestros sentimientos, los motivos reales que nos mueven, y actuar con falsedad puede ser la raíz sólida del vínculo entre dos personas que se quieren?

Bueno, quizá le faltó una palabra a la frase familiar, que debió haber sido esta: la hipocresía es la madre de las relaciones duraderas *fingidas*. ¿A alguien de aquí le apetece tener una relación de esas? No lo creo.

Decir la verdad absoluta tiene la mayor de las recompensas, y eso lo aprendí de un hombre maravilloso, aunque nunca descifré bien de dónde provenía su gran cualidad. Nunca supe si no decía mentiras porque así lo habían educado o si él había decidido jamás mentir por convicción. En realidad, no importa la causa de la honestidad de este hombre, lo que es importante es que, como les dije, la mayor recompensa de decir la verdad es la confianza que generas en los demás, pues es uno de los factores más importantes en la construcción de buenas relaciones. Si suelen decir mentiras, significa que algo esconden, y esconder algo es reconocer que nos avergüenza que lo vean. Mejor resuelvan y depuren lo que tengan que esconder para volverse mujeres que muestran con orgullo su íntegro y valioso ser.

Tengan presente todo el tiempo que cada quien posee su muy propio y válido punto de vista, y que lo expresa desde su más particular perspectiva. Cada quien tiene su propia verdad y nadie tiene la verdad absoluta; hablar desde las opiniones siempre será muy sabio. Si nos sentimos dueñas de la verdad, se generan los más grandes conflictos y discusiones. Digamos «yo pienso», «yo opino», «yo considero», «a mí me duele», «a mí me afecta», en lugar de decir: «tú eres», «tú haces», «tú me hieres», «tú me afectas». Por último, escuchemos en serio.

¿Quieren tener poder? Hablen menos y escuchen más; la gente inteligente escucha y no entrega sus armas ni sus estrategias a la primera de cambio.

Escuchar es de astutas; al hacerlo, analizamos, comprendemos y pensamos. Con calma, reflexión y serenidad, hablaremos cuando sea prudente, cuando estemos listas. Cuando escuchamos de verdad, nos convertimos de inmediato en mujeres receptivas y poderosas. Escuchar de verdad nos vuelve responsables de nuestros propios errores y nos recuerda nuestras debilidades.

## 3. Nadie tiene la razón absoluta, porque no existe

Ya lo hablamos en el inciso anterior, pero quiero detenerme un segundo a recalcar esta premisa: nadie tiene la capacidad de conocer la verdad absoluta; por lo tanto, cuando dos personas sostienen un diálogo de opiniones y puntos de vista, ninguna es más inteligente que la otra, porque nadie tiene la respuesta correcta ni la tendrá.

No quieran ganar siempre, porque, les repito, querer tener la razón a como de lugar es de mujeres que no han entendido que viven dirigidas por su ego, el que se considera incapaz de perder una batalla y primero muerto que vencido. Quien rige su vida por el ego pierde la preciada conciencia de sí misma, se desconoce, deja de poner atención en lo que le sucede y vuelve a caminar a ciegas, sin controlar su destino. En cambio, si partimos del supuesto de que nadie tiene la razón, nos correlacionaremos desde un ángulo mucho mas positivo.

# El futuro es mujer

Ya les conté que estudié gemología, que es la ciencia que se especializa en las piedras preciosas. En los laboratorios más serios, entre batas blancas y microscopios, nos repetían sin cesar que hasta la ciencia que valúa los diamantes tiene distintas verdades y que, al final del día, por más exacto que pretenda ser el conocimiento científico, los humanos somos quienes lo interpretamos y cada uno lo hace desde su percepción y su muy subjetiva mirada del mundo. Mientras que para algunos, el mismo diamante estaba plagado de imperfecciones, para otros sólo se manifestaban unas cuantas. Había entonces que oscilar entre ambos dictámenes para llegar a un punto medio.

Grabé con cariño aquella anécdota. Si el microscopio más preciso del mundo no puede identificar la realidad, imagínense un par de personas discutiendo por un tema personal; jamás lograrán ver el problema con los mismos anteojos. Lo que sí podrán lograr es un gran diálogo en el que el objetivo sea entender la verdad del otro, aportar su visión de las cosas y comprender el tema desde ambas trincheras.

¿Por qué no mejor nos concentramos en aportar alegría y contagiar los momentos de entusiasmo y de júbilo?

Para inyectarle buena energía a las relaciones hay que, primero, despojarnos de ese imán que atrae espantosas fuerzas sobrenaturales que nos hacen perder la calma. La buena onda, el sosiego y la conciliación son prioritarias en los vínculos sanos. Ayúdenme a quitar de nuestro diccionario esa famosa y anticuada frase: «Me sacó de mis casillas». Nosotras tenemos el control de nuestras reacciones y nadie nos saca de ningún lado.

El mundo necesita más gente que contribuya a hacer de este un lugar más amable, más pacífico, más optimista, ¡y más jocoso! Seamos nosotras las creadoras de esos momentos y no esperemos a que los demás los traigan a nuestro entorno. Porque podríamos pasar una vida esperando y, honestamente, ¡qué flojera!

Entonces, el que se enoja pierde. Es de mujeres inteligentes aprender a no indignarse y no tomar personal lo que los demás expresan de nosotras. El temple y la serenidad serán dos grandes aliados en este recorrido. Perder la calma, enojarnos o desequilibrarnos por cosas que ocurren de manera natural entre dos personas es permitir ser gobernadas por un ego que lo que busca es desquiciarnos y desafinarnos. A partir de la información con la que hasta ahora contamos, ya podemos intuir que el ego es como un dragón interno que todas tenemos dentro, diseñado para desviarnos de nuestro centro, de nuestra conciencia y de nuestro amor. Si son atacadas por este dragón feroz, respiren, aléjense del fuego, no metan leña y concilien. Es sin duda el mejor camino.

Reaccionar con furia o incluso violencia ante las acciones que nos parecen inaceptables no es la solución ni nunca lo ha sido. **Se consigue más con miel que con hiel.** Cambien su manera de interactuar, de abordar los conflictos y sean más estratégicas en la creación de su propio bienestar.

Traten, por ejemplo, de darle la razón a alguien con quien debaten de manera habitual. Hagan la prueba. Nadie las desacreditará ni restarán méritos en su camino a ser unas balas. Más bien verán la cantidad de energía que ahorran y que pueden depositar en otras cosas positivas.

Las personas nos movemos por incentivos. Si quieren lograr todo lo que se proponen, más vale ser buzas y descifrar el incentivo del de enfrente. Comenzarán a ver cómo las piezas caen donde queremos que caigan.

## 4. Autonomía e individualidad

Es delicioso compartir la vida con alguien que amamos, pero hay que saber hasta dónde somos capaces de llegar en el dichoso compartir. Uno de los ingredientes que es común denominador en las relaciones sanas tiene mucho que ver con distinguir la vida personal de cada miembro de la relación y la vida que comparten. Veneremos y respetemos nuestra vida individual y nuestros momentos solitarios o personales, y de la misma manera fomentemos que nuestra pareja los tenga y los goce; son suyos, no son nuestros. Lo de él es de él, lo mío es mío y lo nuestro es lo que ambos compartimos de manera voluntaria y, como dicen por ahí, cada quien sus cubas.

**La dependencia emocional que podemos crear con una persona puede ser peligrosa y puede alejarnos incluso de nuestra propia identidad.** Nunca perdamos de vista el ser auténticas y estar bien sentadas en nuestra personalidad, aquella que nos define y que nos hace ser únicas; eso, probablemente, es algo que le fascina a él de nosotras.

Todas necesitamos momentos de soledad y eso no es traicionar a nadie. Se trata más bien de responder a una necesidad biológica del ser, tener encuentros con uno mismo para poder continuar. Es momento, queridas, de dejar en el pasado los malos ojos con los que hemos visto a nuestra pareja salir a divertirse con sus amigos. **No reclamen tiempo, vuélvanse mujeres con las que su pareja quiera pasar el tiempo.**

CULTIVAR NUESTRAS AFICIONES, DISPONER DE NUESTRA RED DE AMIGOS, TENER GUSTOS Y OBJETIVOS PERSONALES DEBE SER REGLA DE ORO.

Tener una relación amorosa no debe, bajo ningún concepto, limitarnos a seguir creciendo como personas.

Un proyecto de futuro en común es fascinante, siempre y cuando se tenga el propio, sólido y fortalecido. Todas las personas nos transformamos constantemente, al igual que nuestros planes, y el futuro va cambiando de parecer con el paso del tiempo. Ser autónomas e independientes debería ser obligatorio. Y, ya entradas en gastos y con la confianza que nos tenemos, les pediré que repitan conmigo: **un hombre no es un plan financiero.** Depender de otra persona en lo económico es por completo irresponsable.

No podemos ser tan descuidadas. Vivimos en una era moderna en la que tenemos la libertad de ser quienes queramos y valernos por nosotras mismas. Responsabilicémonos y, por favor, miren hacia una vida independiente y económicamente muy, muy llena de amor en pareja.

## 5. Olvídate de los celos

Busquemos no limitar a nadie a que crezca y cumpla sus sueños y ambiciosos anhelos, porque no somos quién para hacerlo. Enfoquemos nuestra energía en nuestras propias ambiciones, las únicas que nos van a llevar a donde queramos. Dejen ser al otro para que el otro las deje ser a ustedes. Confíen.

## *Los celos son el peor enemigo de las mujeres con estrella.*

¿Cómo no tenerlos? No los tengan. Sólo confíen. Confiar es difícil, porque es como apostar. Es creer que alguien será o actuará como queremos, y eso tiene que ver con el futuro que, desde luego, es incierto. Sin embargo, no hacerlo —o sea, no confiar— es certeza de pasarla mal. Y es ese tipo de certezas las queremos muy lejos de aquí.

Hablemos tantito sobre la infidelidad y los celos. La única manera de abordar esta delicada materia es hablándolo con confianza y honestidad con su pareja. De nada sirve que lo hablemos ustedes y yo, y que aquí se queden las reflexiones; a quienes les incumbe pactar es a las parejas.

¡Pactar! ¡Pactar! Eso es de lo quiero hablar. No importa qué tan madura o nueva esté la relación, busquen siempre llegar a acuerdos entre ustedes con el fin de evitar futuros conflictos, desacuerdos o malentendidos.

## *La fidelidad radica en la lealtad a los pactos que la pareja acuerda y estos son muy personales.*

Cada quien lo que le acomode, pero eso sí: firmeza y constancia ante los compromisos establecidos.

«¿Cómo? ¿Se puede ser fiel y tener un amante al mismo tiempo?», me preguntan muchas. Depende, contesto. Si eso pactaron con su pareja, sí.

Muchas parejas omiten el pequeño gran detalle de pactar antes de establecer con seriedad una relación. Lo que sigue es que nadie habla del tema y la vida en pareja transcurre en modo disimulado, con tal de no hacer daño ni generar sentimientos que resulten desagradables para ninguna de las partes.

Se asume que nadie romperá las reglas obvias del amor. Pero ¿les digo algo? No hay nada obvio en el amor. Todo es personal, subjetivo y sus leyes se escriben en privado.

Si son de las que no tocan el difícil tema, digan esto: «Mi amor, ¿qué crees? Estaba leyendo un libro de una tal Tati que propone que las parejas, por más tiempo que lleven juntas, platiquen sobre la infidelidad y planteen de aquí pal real las reglas del juego, es decir, sin importar el pasado y sólo pensando en el futuro. ¿Qué opinas al respecto? No se me hace mala idea, ¿a ti?».

Esta buena práctica preventiva les evitará caer en peligrosas costumbres de control, espionaje o violación a la intimidad de nuestra pareja, en las que por ningún motivo debemos sucumbir porque sólo hieren, desgastan y acaban por romper relaciones que pudieron haber sido corregidas a tiempo con un par de buenas, profundas y sinceras charlas.

Ahora, la pregunta del millón: ¿qué hacer si nuestra pareja confiesa que fue infiel y nunca hicimos pactos de ninguna índole? La única respuesta a esta pregunta es remitirnos a nuestra lista de valores, aquella que nos define y que jerarquiza nuestras convicciones más profundas.

Desde ahí podremos tomar decisiones fundamentadas y basadas en lo que para nosotras es importante. Repito, cada cabeza es un mundo. Y desde luego que lo mismo aplica si nos descubrimos a nosotras siendo infieles. Saquen su balanza y ponderen los valores que las rigen. Si por ahí no entra la lealtad, la verdad o la familia, algo definitivamente anda mal.

## 5. Admiración a 1000%

Por ahí he escuchado que la admiración es la clave de los amores que duran y, ¿saben qué?, concuerdo. ¿Se han dado cuenta de cuán potente es admirar a alguien? ¿Saben el impacto que tiene en nosotras admirar a nuestra pareja? Sé que lo saben porque muchas me lo dicen. Es brutalmente poderoso.

¿Saben que pasa idéntico al revés? ¿Qué les parece si nos convertirnos en mujeres admirables? El reconocimiento al otro es un sentimiento increíble que se goza desde ambos lados, el que reconoce y el que es reconocido. Todos ganan. Ser digno de la atención de alguien se siente bien a cualquier nivel y en todos los casos. Tener una pareja que nos haga sentir orgullosas es como medicina para el alma porque, de alguna manera, nos recuerda que nuestro criterio de elección fue acertado y, al final del día, habla bien de nosotras. La fascinación que nos despiertan las cualidades de alguien es muy excitante y placentera, por lo que habremos de ser muy hábiles en entender cuáles son y de dónde vienen para poder mantenerlas siempre vivas.

Cada quien tiene sus atributos favoritos admirar y son muy únicos. Me acuerdo con mucha simpatía cómo mi amiga Patricia admira la capacidad de su esposo Juan para no verle celulitis por más esfuerzo que haga. No tiene relevancia la cualidad en sí, sino nunca olvidar darle la importancia necesaria a vivir admirando. Deténganse a explorar qué es lo que valoran de su pareja y qué las llena de orgullo, pues muchas veces solemos perderlo de vista o lo damos por hecho.

TEST

**¿Qué es lo que valoras de tu pareja?**

*Puedo hacer una lista rápida de las cosas que más admiro de él.*

Cierto ◯

Falso ◯

*Cada vez que lo veo llegar, el sentimiento de satisfacción por lo que hemos logrado juntos sigue estando ahí.*

Cierto ◯

Falso ◯

*Su manera de resolver conflictos me resulta una fuente infinita de aprendizaje.*

Cierto ◯

Falso ◯

Estoy realmente orgullosa de él.

Cierto ◯

Falso ◯

*Resultado: Si una sola de tus respuestas fue «Falso» no hay por qué desanimarse. En muchos casos, la admiración y el orgullo quedan perdidos entre la monotonía y el aburrimiento. Hay muchas maneras de revivir sentimientos positivos; detectar que estos se han perdido es un primer paso para recuperarlos.*

Ahora bien, ya todas estamos de acuerdo en que es delicioso admirar a nuestra pareja. Decíamos que es igual de importante que la admiración venga de ellos a nosotras. Los hombres aman admirar a sus mujeres. Tengo pruebas. Lo que generó confusión es que mucho tiempo creímos que la admiración era sólo en un sentido, el de la mujer hacia el hombre. ¡Lo bueno es que eso es cosa del pasado! Perdimos el entusiasmo de ser admiradas debido a una fuerza cultural y una inercia que nos dictó cánones que, en realidad, ya comprobamos que no sirven de mucho.

Los hombres quieren admirar tanto a las mujeres como nosotras a ellos. Seamos justas. Ellos también buscan tener ese grato sentimiento de orgullo que les haga pararse el cuello y sentir que su elección también fue la correcta.

Con preocupación les comparto que me encuentro a muchas mujeres que aseguran que el solo hecho de ser la madre de sus hijos las vuelve mujeres admiradas por él. A ver, a ver, a ver, la maternidad es una cualidad maravillosa y muy importante; lo que me preocupa del tema es que nos limitemos a que esa sea la única razón por la cual nos sentimos admiradas. ¿Por qué? Porque todas tenemos incontables cualidades, atributos, talentos y dones que nos definen como mujeres, y me daría mucho coraje que no exploraran todo ese potencial que hay allí dentro y se privaran de compartirlo con los demás pensando que no lo tienen.

Noten la fascinación que nos despiertan determinadas cualidades de un hombre. Idéntico sienten ellos, los alimenta, igual que a nosotras, admirar las características que nos destacan.

Entonces, pues, recordemos que la admiración se cultiva. No pasen por alto los logros de los demás. Si tenemos un compañero de vida, será de vital importancia aplaudir sus éxitos, porque es gasolina para conquistar las metas. Yo soy la palera número uno de mi pareja y le aplaudo todos sus logros. Eso deriva en dos muy buenas consecuencias: la primera es que le inyecto una dosis de cariño importante a la relación y la segunda es que ello fomenta que haya reciprocidad, de modo que mi pareja celebra mis logros, lo cual refuerza el vínculo en el que ambos nos sentimos admirados y reconocidos de manera justa y a la par.

Detecten lo que las distingue del resto del mundo y por lo que suelen brillar. Nunca se olviden de las virtudes que las hacen especiales y aliméntenlas. Échenle flores y acostumbren a su pareja a echárselas también.

Cada vez que pasen por momentos difíciles con su pareja, recuerden lo que les encanta de ellos, tomen la iniciativa y vuélvanse unas aventureras del mundo, descubriendo constantemente tesoros que aporten movimiento a la relación.

En resumen, me atrevería a afirmar que las relaciones exitosas se arman de admiración mutua. Y ya quedamos que nadie juzga las cualidades ni los atributos admirables en alguien. Lo importante es ser **mujeres con contenido**. El que quieran, el que les guste, el que las motive, y desarrollándolo a tal grado que lo vuelvan talento. Mi mamá me educó diciéndome que tenía que ser la mejor en una cosa, la que fuera, pero la mejor en algo. Hoy todavía no sé qué es esa cosa, pero lo que sí sé es que lo que me repetía mi madre me provocó unas tremendas ganas de saciar mi curiosidad, lo que me llevó a aprender todo el tiempo y a luchar para ser mejor todos los días. Les confieso que hoy mi perseverancia y mi tenacidad son cualidades que mi pareja admira de mí.

**U**na mujer con contenido es aquella que muestra una pasión auténtica por la vida, que es capaz de destilar entusiasmo en el día a día, siempre dispuesta a desafiarse a sí misma y cuyo ímpetu para el aprendizaje parece inagotable.

## 6. Diversión total

Las parejas más sólidas son las más conectadas, y la conexión se genera en la complicidad y, sobre todo, en pasarla bien con el otro.

Divertirse con la pareja quizás no era un vínculo representativo para las generaciones anteriores, para quienes la vida en pareja tenía otro propósito, otra visión y otro matiz. Hoy, sin duda, es un componente prioritario para unir a dos personas. Hay escasez de tiempo en esta era, y el poquito que tenemos para disfrutar nuestra relación tendría que ser de la máxima calidad posible. Es importante que sepamos distinguir el tiempo de pareja del tiempo en soledad; del tiempo de trabajo; del tiempo de hijos y del de amigos... Cada quien sabe qué es lo que debe y no compartir en pareja.

Soy una promotora de que las mujeres descubran su pasión (de lo cual hablaré en el siguiente capítulo) y la desarrollen para hacer de esta su propósito de vida. A su vez, de que encuentren la independencia económica que las haga tomar las decisiones que las hagan felices. ¿Por qué les digo esto en este momento? Porque las mujeres que trabajamos apasionadamente en lo que nos hace felices tenemos una especial conciencia del tiempo y solemos destinarlo y repartirlo de la manera más balanceada posible a todo lo que forma parte de nuestra vida. Por ello, lograr que los momentos con nuestra pareja cobren magia se volverá nuestro credo.

En lo personal, yo gozo muchísimo tener conversaciones en pareja sobre temas profesionales y me parece incluso necesario conocer a fondo a lo que ambos dedican su tiempo laboral. Desde mi óptica, es inaceptable no saber en qué trabaja nuestra pareja, pues lo único que denota es falta de interés o de entendimiento.

Sin embargo, mesura. **Les voy a pedir que la intensidad de la oficina y los desafíos del trabajo se los dejemos a los colegas y al jefe.** Podemos tratar con nuestro terapeuta los profundos desencuentros familiares y las terribles historias con las que nos enmarañamos entre amigas o, mejor aún, ponerlos sobre la barra de un bar entre tequilas con nuestras amistades. Lo que busco con esto es hacerles notar la importancia que debe tener filtrar el contenido muy, pero muy bien con su pareja.

Los años, el tedio y el aburrimiento nacen sin que nos demos cuenta y se van acomodando en las relaciones hasta llegar a un punto en el que nadie vio y nadie supo por qué dos personas llevan meses o incluso años sin pasarla bien juntos. Y no realmente pasándola mal, sólo no pasándola bien, que para mí es su prima hermana. Donde hay aburrimiento, hay falta de creatividad, y la creatividad sirve para todo. Lo mismo para pintar un cuadro que para hacer una presentación de la chamba o para ponerle sal y pimienta a una relación de pareja.

La vida está hecha para gozarla, y nada tiene que ver el tiempo con abandonar las ganas de pasarla bien y divertirnos. Sí, sí requiere de coco y de ganas. Pero, pues, estamos hablando de vivir con estrella, ¿o no? Volver las relaciones humanas un motivo y no una manda es regla de oro.

*T*engo una amiga fantástica y muy divertida que lleva diecinueve años casada con un hombre encantador y, como todas las relaciones, vivieron una crisis de fastidio y aburrimiento bastante peligrosa. Ellos tuvieron la sensibilidad de percatarse de que lo que estaban viviendo ponía en riesgo su relación y juntos decidieron hacer un plan divertido que los llenara de cosas nuevas, que le inyectara vida y diversión a su relación y con el que, sin recuperar el pasado —pues la gente cambia y nadie quiere volver a hacer las cosas que hacía antes— pudieran refrescar su entorno desde las personas que eran en ese momento.

Así que se les ocurrió una genialidad, y decidieron hacer todo al revés: los gustos, los planes, los placeres, los viajes, los amigos; todo. Cambiaron el sí por el no, y el no por el sí. Si a Manuel no le gustaba el jugo de manzana, a partir de entonces tomaría jugo de manzana; si a Paola le encantaba ir de fiesta, ahora se quedaría en casa viendo una serie; si él prefería la playa, viajaría a ciudades frías; y si a ella no le gustaba el sexo oral, ahora sería fan. Se divirtieron muchísimo. ★

Este ejercicio, más allá de ser un cambio de planes y de actividades en la relación, con el fin de innovar y procurar evitar el aburrimiento, fue un acto de conciencia en pareja cuyo resultado derivó en una absoluta comprensión de lo que la relación tenía para ofrecer, así como de las áreas de oportunidad para mejorar. El sólo hecho de haber decidido poner atención en su presente y en los materiales de los que estaba construido su vínculo fue el gran paso para hacer una gran valoración de la relación y, sobre todo, un exitoso diagnóstico con el cual la pareja tenía carnita para transformar actitudes con las que ambos se sentirían más cómodos.

Encontrar actividades que ambos disfruten es un privilegio, aprender; algo nuevo es otro excelente camino para divertirse; alejarse de la monotonía y trabajar en ser novedosos o experimentar juntos es de sabios. Cada año nuevo adopten la tradición de proponerse aprender algo en conjunto, por más sencillo que esto sea. Aprendan a viajar ligeros, aprendan de vino, aprendan a ser más tolerantes y jueguen con ello, aprendan un idioma, aprendan a bailar o a saltar la cuerda. Únanse en entornos divertidos, **genérense los momentos mágicos de los que está compuesto el amor entre dos personas, ríanse a carcajadas, salgan a tomarse unos tragos, jueguen en la cama, dejen atrás la seriedad,** pues nadie quiere compartir su vida con alguien solemne; sean ustedes, no pretendan, reconquístense a cada instante, diviértanse, que la vida es un carnaval.

Nuestra meta es ser mujeres que confiamos en nosotras mismas con un alta autoestima, que tenemos un sentido de vida hecho de pasiones y talentos que aportan al mundo, que entendemos la importancia del balance en la vida y tenemos un refugio interior robusto hecho de G.A.R.R.A. (más adelante les compartiré a qué me refiero con esto), que podemos comunicarnos con la verdad y nos amamos a nosotras mismas.

Mucha atención: ya no cabe, en esta nueva versión de mujer, un hombre con el que la pasamos mal. Seré más clara en el tema: no cabe un hombre que nos haga daño, que nos envenene, que nos robe la paz, que nos intoxique, que nos ofenda, que nos violente, que nos desprecie, que nos manipule y, desde luego, mucho menos que nos golpee. Esto, sin lugar a dudas, va mas allá de divertirse o no, pero está ligado con la convivencia íntima entre dos personas. Cuando los niveles de pasarla bien disminuyen a ese grado y se convierten ya no sólo en malpasarla, sino en padecimiento y dolor, la alerta debe sonar como el mayor de los indicativos de que esa relación amorosa terminó y es hora de buscar un nuevo rumbo.

## Planes para ponerle sal y pimienta a tu relación de pareja

**Tomen una clase juntos.** De baile, de cocina vegana, de escritura creativa, de lo que quieran. El caso es aprender algo nuevo.

**Organicen un tour gastronómico.** Una vez a la semana o una vez al mes; el reto es descubrir lugares diferentes, probar platillos que no habían probado antes.

**Hagan el viaje de sus sueños.** De hecho son dos: el tuyo y el de él. Pueden ser planes a largo plazo, pero fijarlos como meta, ponerles fecha y empezar a organizarlos son actividades emocionantes.

**Cocinen juntos.** Cocinar en pareja es muy divertido si quieren salir de la rutina. Propónganse crear un platillo inesperado. Vayan al mercado, pongan música en la cocina, decoren, prueben su creación y califíquense.

**Inscríbanse a una carrera.** Los beneficios son muchísimos. Además de seguir un programa de entrenamiento y salir de su zona de confort, hacerlo les permitirá conocer gente nueva y con intereses afines, cuidar de su salud, contribuir a una causa y, por qué no, conquistar un maratón.

## 7. Sexo de alto voltaje

Hablemos de sexo. No como ese tema tabú que pocas personas se atreven a tocar en una mesa entre amigos, ni se diga de ese sexo del que muchísimas parejas no conversan, como si se tratara de hablar de armas nucleares o de drogas prohibidas. Es sólo sexo, una de las actividades más fascinantes que se diseñó para que dos personas se vincularan con alegría y amor.

Veo muchos puntos en este tema que quisiera abordar. El primero es, sin duda alguna, que el sexo es maravilloso y decirlo no tiene nada de malo. Es delicioso. Es delicioso. Es delicioso. ¿Alguien notó algo malo en mi afirmación? Si sí, es la oportunidad de trabajar mucho en nosotras y quizá volver a leer los primeros dos capítulos del libro. Si no, continuemos.

Es muy probable que debido a la educación conservadora que recibimos muchas de nosotras, la palabra sexo no haya aparecido jamás en el vocabulario ni de nuestras madres, ni de nuestras maestras, ni de nuestras hermanas. Nadie nos habló de sexo. Bueno, sí... quizá escuchamos por ahí que era malo.

No tengo el dato certero de por qué sucedió esto, pero mi intuición se lo atribuye a un tema de pudor, a un tema de recato en temas íntimos y privados, y desde luego, a un tema de manipulación masiva que, lejos de estar a favor de la unión sexual natural y humana entre dos personas, lo condenó a ser algo casi de otro planeta.

En fin, las razones no tienen tanta relevancia como lo tiene cambiar nuestro chip. No importa de dónde haya venido la información, repitan conmigo: el sexo es bueno y es delicioso. ¡Bien!

Una vez que podemos pronunciar la palabra sexo sin sentir una opresión en el pecho, ni pensar en que si la escuchan nuestros hijos podría ser traumático, o que jamás podríamos pronunciarla con nuestros padres, entonces podremos pasar al siguiente tema que es el adjetivo que le coloqué al sustantivo: delicioso.

Lo interesante del tema es que el sexo puede ser concebido como un acto natural que vincula a una pareja o como un fascinante mundo de oportunidades para crear magia entre dos personas. Parece sutil la diferencia, pero en realidad es abismal y es clave en este caso no sólo para tener una relación que funcione, sino, les diría, para ser feliz.

Siempre he pensado que el sexo tiene distintos niveles de satisfacción y que una los va alcanzando en la medida en que va entendiendo cómo funciona. Si el sexo hubiera sido diseñado para ser el mismo siempre y fuera un acto monótono, quizá no tendría la fuerza y el poder que lo definen. La diferencia entre conocer el sexo en distintos niveles de placer y gozo, o de conocerlo como un acto cotidiano y rutinario, está en nuestras cabecitas. Claro está que se necesitan dos personas para bailar tango, pero les puedo apostar que nadie se va a negar a la propuesta de tener una vida sexual más cachonda y más gozosa. Todo el chiste está en la disposición y en la ganas de hacer del sexo una aventura placentera, divertida y muy, muy especial.

Ya quedamos en que no tuvimos educación sexual y, ¿les digo algo? Yo me autoeduqué en el tema. Hay una gran cantidad de información al alcance de todas que no puede pasar desapercibida ni podemos desaprovechar.

*En el sexo hay que educarnos.*

Hay que aprender y hay que ser mejores cada vez, y con esto no me malinterpreten, no me refiero a ser más expertas, sino a ser más felices haciéndolo. Mejores mujeres y más completas, que saben de sí mismas y se quieren tanto que buscan gozar cada vez más.

Los orgasmos no suceden solos. **Los orgasmos pasan por una serie de aprendizajes sobre nuestro cuerpo y mucha comunicación con nuestra pareja.** Desde que la sexóloga Shere Hite publicó en 1976 su revolucionario estudio, *El informe Hite*, sobre la sexualidad femenina, quedó demostrado que el porcentaje de mujeres que logran orgasmos es bajo y que la mayoría son clitorianos, porque los vaginales son más difíciles de alcanzar. Pero no nos vamos a quedar con los brazos cruzados aceptando esta información, porque así es la vida y nos tocó ser de unas o de otras.

## Se aprende a tener orgasmos.

El placer se controla. Lo que se necesita es hablar desde un lugar compresivo con nuestra pareja y entrarle al tema juntos, con confianza y con ánimo.

El sexo es increíble, porque conecta, porque relaja, porque vigoriza, porque alimenta el alma, porque llena de energía, porque nos hace sonreír, porque tiene beneficios para la salud tanto física como mental. Puras cosas buenas que todas las parejas deberían explotar al máximo.

Otro de los factores importantes para gozar una vida sexual más plena es hablar. Es nuestra responsabilidad absoluta decir lo que queremos, lo que nos hace sentir bien y nos genera placer. La vergüenza está fuera de la ecuación. No se vale sentir vergüenza y no decirle a nuestra pareja cómo nos gusta que nos toquen, pero no tener pena de ser penetradas. ¿Me explico? Es incongruente. No tiene mayor nivel de confianza uno que otro. En el sexo, todo se vale y todo es igual de correcto, si ambos lo tienen entendido. Claro que no es fácil comenzar si nunca lo han hecho, y hablar con franqueza sobre posiciones, ritmos, técnicas o fantasías puede costar trabajo. Pero después de lo que hemos leído y de las ganas que tenemos de ser mujeres con estrella, esto será imprescindible para lograrlo. Venzan la pena de la primera vez y verán que con el tiempo se vuelve más sencillo hacerlo.

116

## Pidan. Pregunten. Ofrezcan. Propongan. Sugieran. Provoquen. Seduzcan.

En ninguno hay nada de malo. Pensar «Yo nunca voy a tener un orgasmo en el sexo oral» es predisponerse de manera negativa, porque si ya sabemos que nuestro cerebro es moldeable, debemos tener muchísimo cuidado con lo que le decimos. Si quieren tener un orgasmo teniendo sexo oral, podrán. Como todo en la vida, es cuestión de práctica y de reprogramación mental.

A los hombres les da mucho gusto complacer, denles ese gusto. Pónganse retos juntos. Vean videos, lean, aprendan. ¿Saben quién decide si el sexo con su pareja es fascinante o aburrido? Ustedes.

Yo vi la vida distinta cuando comprendí que el sexo, más que un trámite amoroso, puede ser un mundo aparte, el máximo de los recursos para conectar dos almas que se adoran y la definición por excelencia del paraíso. ¿Se acuerdan del personaje principal de *50 sombras de Grey*? ¿De la masiva fantasía femenina que generó este hombre en nuestros más profundos e inesperados inconscientes? Grey existe. Créanme. En otro libro les cuento.

### Planes sexys en pareja

Para mantener el interés el uno por el otro, la terapeuta de parejas Esther Perel, autora del brillante libro *Inteligencia erótica*, señala que las parejas requieren distancia, transgresión, sorpresa y juego. Debemos ser capaces de distanciarnos de nuestra pareja, verla como un individuo independiente y misterioso; de este modo seguirá siendo objeto de nuestro deseo.

**Una noche de sexo sin sexo.** Permítanse sentir, experimentar, tocarse, alcanzar el placer sin que haya penetración. El objetivo es fortalecer la conexión que se crea por medio del tacto.

**Recuperen los besos apasionados.** Solemos darlos por hecho en las relaciones a largo plazo. Hay que traerlos de vuelta: besar es uno de los actos más íntimos que podemos compartir.

**Sesión de literatura erótica.** Tendemos a olvidar que el cerebro es nuestra principal zona erógena. Y la manera en que este tipo de lecturas estimula la imaginación está más que probada. Tomen turnos para leerse en voz alta el uno al otro, prueben con clásicos de Anais Nin o Henry Miller, o con títulos como *Fanny Hill* de John Cleland o *La rendición* de Toni Bentley.

## Reflexión sobre el matrimonio

*Recuerdo con mucho cariño el día que tuve la suerte de platicar largo y tendido con Gabriel García Márquez acerca de las relaciones de pareja. Nos encontrábamos en una deliciosa tertulia en casa de mi madre, entre intelectuales, copas de vino y declamaciones poéticas. El calor de la noche y alguna de mis bodas en puerta derivaron* la conversación sobre el amor y la manera en que nos relacionamos las personas. Era encantador escuchar al Nobel aconsejarme sobre hombres. Hablar de la vida con el Gabo siempre fue un verdadero placer... eso sí, ¡debí haberle hecho más caso! Sobre el matrimonio, fue sabio y contundente. Me dijo: «Tati, el matrimonio está mal planteado desde un inicio. Las parejas deben casarse a manera de celebración y no de apuesta. Cuando llevas muchos años en una relación sólida, sana y amorosa, entonces celebras el éxito, no como lo hacen ustedes, que se casan antes siquiera de conocerse bien, apostando a que todo va a ser exitoso antes de que lo sea».

## Reflexión sobre los ex

Vale la pena, ya entradas en temas de pareja, hablar de las rupturas o de los ex. Lo haré con la certeza de saber cómo deben terminar las relaciones amorosas. Cuando los vínculos amorosos que unen a dos personas se lastiman, se desgastan o se terminan, lo que sucede es que aparece una gama enorme de *posibilidades de nuevos vínculos entre dichas personas. Es decir, una puede decidir tener vínculos de rencor, de odio, de desprecio o de indiferencia con el ex. Lo curioso es que muchas veces lo hacemos por inercia, como si fuera lo que sigue al término de una relación, sin darnos cuenta de que esto no tiene nada ni de lógico, ni de inteligente, ni de nada. Aplaudo siempre las relaciones que modifican su vínculo de amor a uno de amistad, de complicidad, de sociedad o incluso de amor desde un punto de vista no íntimo. Perdonar es valiosísimo en este camino.*

Debemos entender que al no perdonar, le otorgamos un poder innecesario a la persona que nos hirió, además de que nos mantiene atadas a él por un sentimiento negativo y, como ya sabemos, nadie merece que le demos nuestro poder ni nuestra libertad. Queremos ser poderosas y queremos ser libres.

Mi amiga Lucía vive superenojada con su ex. Ella misma se sabotea la vida. Se construye amargura por estar molesta con alguien, resentida con él. No se deja ser feliz a sí misma. ¿Les digo algo? Es más importante ser libre que ganar. La gente no está pendiente de hacerte infeliz. La gente está pendiente de ser feliz. No gasten energía otorgándosela a alguien a quien no perdonan. La posibilidad de que a él le valga gorro es enorme. La vida es corta. **No gasten las horas permaneciendo frustradas. Perdonen y libérense. Perdonar no es para el ex. Perdonar es para ustedes mismas.** Es para vivir más ligeras y tener la energía para avanzar y ser mejores personas. Generar valor, dar, construir felicidad, ser ejemplo.

Mis ex son mis amigos. Y les voy a decir la importancia que, según yo, tiene el lograr esto en la vida. Cuando una relación termina a gritos y a sombrerazos, el desgaste es desproporcional. Las únicas que perdemos somos nosotras. No se gana nada (sobre todo si hay hijos de por medio) declarando la guerra final. Si el hecho de divorciarse implica dolor y sufrimiento, el objetivo es que eso termine.

Termínenlo en serio y comiencen una nueva historia en blanco y con buena actitud. Ustedes tienen en las manos el control de prolongar o frenar en seco el sufrimiento de un divorcio. La decisión de divorciarse se tomó para finalizar malos ratos, así que tómenlo muy en serio y dediquen su vida a procurase buenos ratos y buenas relaciones. Piensen que para poder iniciar una nueva relación de pareja, tendremos que estar emocionalmente sanas. Si seguimos vinculadas por el rencor o el odio a alguien, será imposible lograrlo, pues nuestro corazón seguirá atado a una relación nociva que nos impedirá entrar de lleno a una nueva historia.

Terminar con una pareja implica no estar a gusto con lo que se tiene, porque sabemos que podemos estar mejor. Deseablemente encontraremos a alguien que sea empático y que persiga nuestros mismos sueños, con quien podremos vivir el amor más profundo y bonito, etcétera, etcétera, y hay dos opciones: que ese hombre haya terminado su anterior relación de una manera sana o que la haya terminado de manera violenta. Seamos mujeres que promuevan terminar bien con los hombres para crear una sociedad de divorciados preparados para volver a creer en el amor.

Sí, ya sé que suena raro, pero mi ex es mi amigo y me encargué de dejar, en la medida de lo que pude, su corazón sano y tranquilo para que pronto pudiera encontrar una mujer compatible con él, que lo amara y le permitiera amarla de vuelta. Traten. El mundo sería mejor.

Además, se sorprenderán, pero las mujeres tenemos una mayor capacidad de reponernos y empezar de cero una nueva relación, a pesar del dolor profundo y del tiempo de recuperación que cada una requiera. Los hombres, en cambio, son menos propensos a resetearse y menos hábiles para reconstruirse y comenzar de cero. Sí, véanlo como un bien común y de colaboración a la sociedad.

Concluyo el tema de pareja invitándolas a ser flexibles y a confiar. Vivir más ligeras y dejar de estar tan atadas a una meta tan específica siempre nos hace bien.

A veces nos imaginamos con mucha exactitud cómo debemos vivir la vida. Yo imaginé mi matrimonio así: voy a conocer a un hombre, se va a enamorar de mí por estas y estas razones, me va a dar un anillo de equis forma en la playa, y nos vamos a casar en tal lado, con doscientos invitados; mis padrinos serán fulanito y menganito, vamos a vivir en una casa y tendremos dos hijos llamados tal y tal, y todos los días voy a ser feliz, porque nos vamos a decir cuánto nos amamos, y él no va a dejar la pasta de dientes abierta ni el lavabo manchado, porque yo sabré muy bien decirle cómo no hacerlo, y así la vida va a pasar muy bonita, y él me va a enterrar en el panteón con música hermosa y mucho dolor... Tanto, tanto que morirá dos meses después. ¡Ja, ja, ja, ja! Por ahí dicen que le cuentes a Dios tus planes para que se ría tantito.

¡Paremos esta locura! A nadie nunca le ha salido. Tener una visión está bien. Amalgamarnos a ella sólo nos limita. La vida sabe más que nosotros. Lleva años operando.

Siempre he creído que hemos de confiar más en la vida (*universo, ser poderoso, dios, energía, naturaleza* o como le quieran llamar). Necesitamos estar más abiertas a lo que pasa. Dejar que la creatividad de la propia vida nos demuestre que nos quiere por lo que nosotras le contribuimos. La vida puede regalarnos lo mejor si la dejamos operar y confiamos. Hay una inteligencia más grande que nosotras, sin duda alguna. Creamos en ella y dejemos de querer controlarla. Las mejores cosas pasan cuando menos se esperan. Las mejores. Si nos resistimos a lo que la vida nos quiere dar, las experiencias se desvían, y la vida se da cuenta de que la rechazas y deja de mandarte maravillas. Acéptalas, agradécelas y vívelas al máximo.

Nosotras somos las agentes de viaje de nuestra propia vida. Podemos diseñarla con experiencias de una estrella, de dos, de tres, de cuatro o de cinco. ¿Qué pasa si nos proponemos diseñar nuestras relaciones amorosas llenas de experiencias de alto nivel de calidad? Tendremos relaciones de alta calidad. Y, ojo, nada que ver con temas económicos. Tiene que ver con asimilar que nadie está allá afuera dirigiendo las relaciones. El timón es nuestro. Nadie va a llegar jamás a decirnos cómo sí y cómo no. Nadie nos dirá cómo tener orgasmos. Nadie puso ninguna regla de convivencia entre dos seres humanos. La cosa está en decidir cómo caminar de la mano con alguien. Una es la que genera la calidad del viaje. Cuando una pareja plantea y diseña la relación que más se le antoja tener con entera honestidad, generando un ambiente de confianza, respetando al de enfrente y recordando que ambos son seres libres e individuales que están juntos por la dicha de vincularse por distintos lazos, entonces sí, hablaremos de buenas y sólidas relaciones.

Si son de las que han dejado pasar el tiempo y no tienen los planos de la relación, o más bien los olvidaron en algún lugar remoto hace años, y han perdido el rumbo, y quizá ni siquiera recuerdan por qué están relacionadas con su pareja actual, ¡tranquilas! ¡Hay remedio! Tres cosas importantes tienen que pasar: aceptar, hablar y actuar.

Aceptar que no nos sentimos cómodas es de mujeres valientes. Es la mitad del problema resuelto, porque muchas solemos tapar el sol con un dedo e incluso somos capaces de dejar pasar años negando por completo que estamos descontentas o que podríamos estar mejor. La aceptación nos acerca a pasos agigantados a la reconstrucción, porque nos brinda los planos que nos confirman dónde se han perdido los sueños, las pasiones y la satisfacción. Una vez que podemos admitir que sentimos desencanto y que esto no es grave, sino que, al contrario, es una alerta foco rojo que, como la fiebre, avisa que hay un padecimiento cuya cura habrá que buscar, entonces, debemos hablar.

No interpreten. No pretendan que con actitudes, señales o claves morse van a ser comprendidas y van a poder expresar lo que sienten y lo que piensan. Los hombres necesitan escuchar palabras que con todas sus letras contengan el claro mensaje que queremos transmitir. Sí, sé que sería a todo dar que ellos entendieran que si cerramos la tapa de la pasta de dientes es porque nos gustaría que ellos también lo hicieran, pero no es así. No cachan nuestras pistas. Hay que decírselas. Hablen con ese hombre que algún día adoraron, porque recuerden que donde no hay amor, hay miedo, así que se me agarran bien los pantalones y conversan desde el amor. Entonces sí, manos a la obra.

Escuchen esta otra historia que me encanta. Me gustan los casos de éxito de las relaciones que estuvieron a punto del quiebre por llevar tanto tiempo desganadas, pero que logran darle la vuelta creando mágicos resultados que le inyectan alegría y chispa de nuevo al matrimonio.

Se parece un poco a la historia de Patricia, pero Alfonso e Inés lo hicieron distinto. Después de haber aceptado su problema y haber hablado desde el cariño y la honestidad, buscando una alternativa para solucionar el hartazgo que ambos sentían por no tener nada nuevo bajo el sol, transformaron su vínculo decidiendo esto: «De hoy en adelante nos vamos a hablar superdulce». Su conclusión arrojaba que habían perdido el respeto en la comunicación; no se insultaban, pero habían abandonado la buena costumbre de hablarse bonito, como lo hacen las parejas que recién se emparejan. Transformaron el «¿Me pasas la sal?» por un nuevo «Mi amor, precioso, ¿serías tan lindo de pasarme la sal para echarle un poco a este pescado que cociné con tanto cariño para ti?», o un «Cómo te fue?», «Bien», por un «¿Cómo te fue, cariño? Espero que hayas tenido un día maravilloso y que la vida te haya sonreído», «Gracias por preguntar, amor; me encanta sentir que te interesa mi chamba; me fue muy bien, gracias».

Todo comenzó como un juego, y lo curioso, y lo que me encanta de esta historia, es que su nueva versión de comunicación, que los obligaría a ser mucho más dulces y amables recordándoles que sí, que en efecto se siente mejor que te traten con cariño a que no, les gustó tanto que ¡la adoptaron para siempre! Es divertidísimo ver a Alfonso y a Inés, sobre todo si no los conoces, porque pensarías que son un par de locos enamorados, perdidos en una dulce y pegajosa miel que los inunda y los recubre como un baño de idolatría, y no. Sólo fue un recurso fantástico que adoptó una pareja a los veinticinco años de estar juntos, que los refrescó, los divirtió y les recuerda todos los días que sí se quieren mucho y les hace mejor demostrárselo.

## • DE LO QUE NO SE TRATA LA FAMILIA: SACRIFICARSE Y PASARLA MAL

Las relaciones familiares son otra ventana a un mundo que nos puede definir como mujeres libres o mujeres sumisas que se someten a la autoridad de otras personas, o a las reglas impuestas por la sociedad, sobre ciertos comportamientos, actitudes o paradigmas que venimos arrastrando desde niñas y sin cuestionarnos, pues las fibras que se tocan aquí son muy sensibles y casi sagradas.

¡Los hijos, los padres, las madres! Todo un mundo de ojos unidos por sangre que mantienen creencias fieles a nuestros venerados ancestros y que suponen permear a nuestro futuro linaje.

Sucede algo que llama mucho mi atención en la sesión de preguntas y respuestas que se genera al final de una conferencia muy linda que doy sobre empoderamiento femenino, cuyo título es *Mujeres organizadas, una fórmula mágica para lograr todo lo que nos propongamos*. Tiro por viaje, veinte por ciento de las preguntas están relacionadas con los padres de las oyentes. Les doy tres ejemplos: «Quisiera educar a mis dos hijos bajo mi propia visión del mundo, porque siento que la manera en la que me educaron es obsoleta y no encaja con mis valores actuales, pero no quiero traicionar a mis padres», o «Quiero divorciarme de mi esposo, pero no le puedo generar tanto dolor a mi madre, que fue tan buena conmigo», o «Odio a mi esposo y me peleo a diario con él, pero no me divorcio porque no le quiero hacer daño a mis hijos».

Muchas hemos considerado, aunque sea alguna vez en la vida, que los padres nos han hecho la vida más difícil, que nos han cortado las alas y que nos han pedido u obligado a que seamos de determinada manera para complacerlos, porque ellos piensan que es lo correcto.

Es prioritario entender una cosa, no hay padres ni madres que se despierten por las mañanas y lo primero que piensen sea: «¿Cómo podré hacerle la vida difícil a mi hija el día de hoy?, ¿cómo la mortificaré al grado de que sufra lo suficiente para que le duela los siguientes años?, o ¿cómo le podré generar un buen, pero buen trauma a mi hijo?»; nadie. Tendría que ser un psicópata a quien, por cierto, su gente cercana debería ayudar a tratarse en un lugar especializado. Pero no es el caso del que hablo.

*Lo que quiero decir es que nuestros padres, hacen lo mejor que pueden, y desempeñan su papel a la máxima capacidad que tienen con sus recursos, herramientas e información.*

Ahora bien, que esos recursos, herramientas e información no sean compatibles con los nuestros es harina de otro costal.

La filosofía o las acciones de nuestros padres no deberían de limitarnos en lo más mínimo. En la medida en que entendamos que ellos han sido y han dado lo mejor que han podido, podremos, entonces, plantearnos la siguiente pregunta: «¿Voy a ser víctima de mis padres o voy a ser una mujer fuerte e independiente que diseñe sus propias reglas, que quizás no sean compatibles con las de sus padres, pero que eso no la limite?». Pero, Tati, ¿eso no es rebelión? No. Eso es entender que somos seres adultos e individuales, con un criterio propio y un sentido común, desarrollados para independizarnos de las personas que nos dieron la vida para hacerla nuestra.

Es lo natural. Nacimos con alas y con ellas hay que volar. Y ¿qué hacemos con la culpa? Pues a tragarla. Las primeras veces sabe a rayos, pero las demás ya no sabe a nada. Tenemos el derecho a ser felices bajo nuestras propias premisas y valores, y si no tenemos nada en común con nuestros padres, también se vale. No pasa nada. Bueno, sí, ¿qué es lo peor que puede pasar? Que nuestros padres pasen un mal rato. ¿Y estamos dispuestas a sacrificarnos nosotras y a tener malos ratos para que nuestros padres no la pasen mal? No encuentro la lógica.

Sacrificarnos y pasarla mal para que ellos la pasen bien me suena muy viable cuando se trata de quitarnos la chamarra en el frío para cedérsela a nuestra madre; darle los antibióticos en la enfermedad a nuestro padre antes que a nosotras. OK, OK. Pero de ahí a «No me voy a casar con fulanito porque no le gusta a mi padre» o «No voy a trabajar en lo que más me gustaría porque le daría un disgusto a mi madre» es otro boleto.

Tomar libremente nuestro camino nos hace felices, y si el camino elegido disgusta a alguien, el único que la va a malpasar será ese alguien. Mientras no le generemos un daño con dolo a una persona, evitemos sentir esa culpa que nos remuerde y nos hace pensar que debimos haber actuado diferente para complacer a los demás.

La hija cantante de un padre que siempre quiso una hija abogada tiene dos opciones: ser una cantante culpable o ser una cantante feliz. El padre ya leerá un libro para padres frustrados; ahora se trata de un libro de mujeres empoderadas.

El cariño y el amor nadie los cuestiona.

*El eterno agradecimiento por darnos la vida y habernos dado los cuidados necesarios y las herramientas fundamentales para nuestra existencia es lo mínimo que debemos sentir por nuestros progenitores.*

De ahí en adelante, todo el respeto, la admiración y la ternura para tener cercanía, empatía, confianza y amistad es ya un gran lujo al que sin duda todos deberíamos aspirar.

Perdónenlos si sienten rencor, pues es bienestar para nosotras, no para ellos. Dejemos atrás enojos, tristezas y desacuerdos, porque consumen mucha energía difícil de recuperar. Si tratar de cambiar a alguien es un objetivo complicado, intentar transformar a un padre para que tenga nuestra misma ideología es casi imposible.

A muy buena parte de nosotras nos hubiera gustado que nuestros padres nos amaran de una manera distinta a la que lo hicieron. Pero, pues, nos amaron a su estilo, y no hay vuelta de hoja. No los culpemos. Esperar de los padres o de los demás un amor que a nosotras nos gustaría que nos dieran, con el que alguna vez hemos soñado, es contraproducente, porque es vivir en la expectativa de que el otro sea distinto, y eso no pasa.

¿Se acuerdan de que, ante la necesidad de cambio, la mejor opción, y la más viable, es que cambie yo? **Pedirle a los otros la calidad de ternura que anhelamos o la cantidad de tiempo que creemos merecer es dejar en manos de los demás nuestra felicidad.** Ante ello, será inevitable que nos quedemos cortas. Repito: nadie nos debe nada, y los padres nos dieron ya, de entrada, el mejor regalo, que es la vida. Lo demás son expectativas nuestras que por lo general son más altas que la realidad y lo único que hacen es asegurarnos una travesía llena de faltas y de frustraciones.

Apreciemos lo que nos dieron. Culpar a los padres por no tener la educación, los medios, el dinero o la fuerza, es sencillo, porque depositamos en ellos la responsabilidad, dándonos una excusa más para aplazar el momento en el que tomemos las riendas de nuestros días. La vida es y será siempre una secuencia de opciones. Una tras otra, tras otra, tras otra. Seamos nosotras mismas el motivo para elegir siempre la opción más positiva.

Ahora, seré muy precavida al hablar de la relación que las mujeres tenemos y queremos con nuestros hijos, porque ser madre implica respetar a las demás madres en cada una de las decisiones que tomen.

Soy madre. Soy feliz siéndolo y soy la mejor versión que tengo la capacidad de ser. Y sí, como toda mamá, daría un brazo por mi hijo. Sin embargo, ser mamá no me convirtió en otra Tati, sigo siendo yo. Ser mamá no me realizó como mujer, sino como madre. Ser madre no me paralizó en la búsqueda del propósito de mi vida. Desde luego que serlo le da sentido a mi vida, pero desde que me embaracé comencé a cuestionarme si todas las mujeres del mundo, que equivalen mas o menos a la mitad de la población, hubieran sido enviadas para realizarse siendo madres, encontrarían en sus hijos el único propósito de su vida. De ser así, el mundo sería un lugar desbalanceado y habría un enorme desperdicio de fuerza y energía que, además, el propio mundo requiere.

Comencé a entender a los hijos como una evolución natural de los seres humanos y no un fin último. Había escuchado por muchos años: tienes un novio, te casas, tienes hijos y entonces te realizas y eres feliz, porque ya cumpliste tu destino. Pero mis sueños, mis planes, mis objetivos, mi crecimiento personal, mis ganas de comerme el mundo, ¿dónde quedan? ¿Se desvanecen? ¿Se minimizan? ¿Se esfuman? NO.

Voy a decir algo que a bote pronto puede parecer incongruente y sin sentido, pero les pido que me den el beneficio de la duda y entiendan por dónde voy y lo que quiero decir: **los hijos no son nuestros. Son de ellos mismos.**

Desde luego que somos nosotras las que generamos vida y las que velamos por ella durante el tiempo que nos necesiten. Sin embargo, son seres por sí mismos que, como nosotras, traen incluidas sus propias alas. Es nuestro trabajo hacer que crezcan para que vuelen alto, muy alto.

Muchas veces nos confundimos y pensamos que nos pertenecen, como nos pertenece nuestra intuición o nuestro sentido común, pero en realidad ellos se pertenecen a sí mismos. Me explico mejor con algunos ejemplos: «Ponte el suéter porque tengo frío», «A ti no te gusta la novia de tu papá, ¿verdad, m'ijo?», o «No vas a salir con María al boliche, porque no me caen bien sus papás».

Las mamás nos enredamos con nuestros propios fantasmas y con ellos limitamos que nuestros hijos desarrollen su máximo potencial, sus dones únicos y su sentido de pertenencia en el mundo para poder volar con agilidad.

Confronta. Lo sé. Eso de soltar a nuestros hijos y entregárselos a ellos mismos duele y, sobre todo, genera una especie de vacío o de sentimiento parecido al de extrañar a alguien que se fue de viaje. Han sido años de pensar así y de una inercia cultural que nos predispone a actuar de tal manera. ¿Cómo creen que una persona puede lograr desarrollar los mejores juicios, un criterio robusto y una mente automotivada si lo que hacemos es educarla para depender de nosotras?

Si lo que buscamos, como buenas madres, es que nuestros críos sean felices y gente preparada para enfrentar el mundo que, dicho sea de paso, ya nos dimos cuenta no es tan sencillo enfrentar, por favor denles las herramientas para hacerlo y vuélvalos independientes desde pequeños.

Los niños necesitan nuestra extrema protección y nuestros enteros cuidados por un tiempo determinado, durante el cual no están habilitados para hacer ciertas cosas y dependen por completo de nosotras para sobrevivir. El tiempo pasa y las necesidades van disminuyendo, con la tendencia natural del ser humano a la absoluta independencia.

Percibo una inclinación de muchas madres a alargar esta condición, la de protección y dependencia, alejando cada vez más a los hijos de su valiosísima y vital autosuficiencia. ¿Por qué sucede esto? Porque no hemos encontrado aún nuestro superpoder y el don único que nos diferencia del resto de las personas y con el que podemos conquistar el mundo, pero sobre todo, nuestro propio corazón y bienestar por medio de la realización personal, no la realización maternal.

Las mujeres somos complejas y llenas de virtudes, y tenemos una capacidad enorme para amar. Estoy segura de que cualquiera podría tener suficiente con el hecho de ser madre, porque sí lo considero uno de los mejores regalos de la vida; pero también estoy convencida de que si las madres logramos venerar y depositar la maternidad en el pedestal alto al que pertenece este estado, seremos capaces de realizarnos a nivel personal.

*No hay nada más rico que ser definidas por nuestro sentido en la vida.*

Más adelante hablaré de esto con minuciosidad.

Ojo, respeto totalmente a las mujeres cuya respuesta a la búsqueda de sentido es ser madres de tiempo completo. Respeto a todas. Sin embargo, tengo un compromiso conmigo misma de tratar de inspirarlas y motivarlas hacia la que ha sido mi inquietud y con la que he comprobado que se es más feliz, la de poner en marcha nuestro superpoder y contribuir al mundo desarrollando nuestro talento, porque, además de todo, hacerlo no sólo sana sino salva.

Voy a regresar al tema de los hijos para cerrarlo y poder hablar más a fondo en el siguiente capítulo del superpoder y cómo encontrar nuestro sentido de vida.

Les decía que noto con cierta preocupación un deseo ferviente de muchas mujeres por no querer que sus hijos crezcan y despeguen, lo cual me inquieta, pues lo que sí sabemos es que la sobreprotección a los hijos puede desarrollar falta de seguridad, ansiedad, codependencia y rebeldía insana. El acto de criar hijos responsables es un deber de las madres, y esto tiene que ver con permitirles que aprendan las habilidades correspondientes a cada edad.

La culpa nos aleja en ocasiones de la buena educación que le podemos otorgar a los hijos, pero me reconforta, y estoy segura de que a ustedes también las reconfortará, saber que los más importantes estudios que se han hecho sobre el desempeño y la felicidad en las personas arrojan que no es más productiva, ni más lista, ni más eficiente, ni más exitosa en lo profesional, ni más amorosa, una persona cuya madre estuvo más tiempo del necesario con ella. Al contrario, las madres que destinan más tiempo del indispensable para un sano desarrollo emocional en el niño es posible que provoquen un fastidio no muy deseable para nadie.

La educación es el ejemplo. Los hijos serán felices si nos ven felices. Es muy difícil que se logre criar a un niño feliz desde la culpa, la frustración, el sacrificio, y la privación de la realización personal.

Hoy los tiempos han cambiado y las mujeres tenemos muchas más oportunidades, y sin duda hay que tomarlas. No se trata de elegir entre ser madre o realizarse en lo profesional. Se pueden hacer las dos cosas al mismo tiempo. Basta preguntarle a Andrea, mi amiga que es madre soltera de cuatro varones, cuya empresa de relaciones públicas la define como una mujer entregada a servir, como una mujer reconocida en lo profesional, con independencia económica, y una extraordinaria madre de cuatro sanos y prósperos jóvenes que nutren su alma al saberla feliz.

Siempre promoveré que los hijos vivan las experiencias necesarias para volverse los directores de su propia vida, capaces de elegir. Es muy placentero saber que con inteligencia, amor y responsabilidad, viven su apasionante destino.

## ¡A brillar!

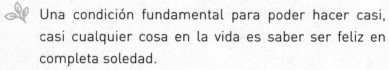

- Una condición fundamental para poder hacer casi, casi cualquier cosa en la vida es saber ser feliz en completa soledad.
- Cuando dejas de creer que otra persona hará que tu vida tenga sentido, de inmediato te empoderas.
- Vuélvete capaz de mantener tres entidades: TÚ, ÉL y el vínculo que los une.
- Toma los momentos difíciles en pareja como oportunidades para crecer y ser mejor persona.
- Abran su mente para poder empatizar. Pónganse en la piel del otro.
- Escuchar es de triunfadoras; al hacerlo, analizamos, comprendemos y pensamos con la calma necesaria.
- Es de mujeres astutas aprender a no indignarse y no tomar personal lo que los demás expresan de nosotras.
- Si no te gusta algo de alguien, cambia tú.
- Venera y respeta tu vida individual y tus momentos a solas. De la misma manera, fomenta que tu pareja los tenga y los goce.
- Olvídate de los celos: no confiar es certeza de pasarla mal.
- Ten siempre muy claro cuáles son las cualidades de tu pareja que más te enorgullecen.
- Usa tu creatividad para ponerle sal y pimienta a la relación.

La diferencia entre conocer el sexo en distintos niveles de placer y gozo, o de conocerlo como un acto cotidiano y rutinario, está en tu cabeza.

 Muestra un eterno agradecimiento a tus padres por darte la vida, los cuidados y las herramientas fundamentales para tu existencia.

 Culpar a tus padres de cualquiera de tus carencias es sólo una excusa para aplazar el momento en que tomes las riendas de tu vida.

 No sobreprotejas a tus hijos, deja que vivan las experiencias necesarias para volverse responsables y capaces de ser los diseñadores de su propio destino.

Una vida con propósito

# Sé la protagonista de tu propia historia

- **¿QUIÉN SOY Y QUIÉN QUIERO SER?**

**E**l tema me parece apasionante y es por ello que decidí hacer un experimento con dos preguntas para confirmar mi tesis. Salí a preguntarles a todos mis conocidos cuál es su propósito de vida. Todos contestaron, en sus palabras, «ser feliz». ¡Claro! Todos queremos ser felices. Enseguida les pregunté: «¿Te atreverías a tomar Prozac a diario?», es decir, una medicina que te hace sentir feliz, que te obstruye los canales de frustración, de ansiedad, de depresión y que te genera un estado de paz mental, quietud y felicidad?», y su respuesta fue: «No, pues así qué chiste, eso no te da una razón para ser feliz», fue la contundente y general respuesta que dieron a mi experimento.

Exactamente. Lean con atención, porque es fascinante entender una cosa crucial para seguir avanzando en nuestro proyecto de vivir con estrella: **el bienestar sabe rico cuando lo conseguimos nosotras mismas por nuestros propios méritos y con nuestros propios recursos.**

La felicidad es un sentimiento fascinante, pero es sólo eso, un sentimiento que va y viene. No es una forma de vida, un estado mental ni una definición determinante de un ser humano. Hay todo un mundo más allá de sentir felicidad. Por ejemplo, vivir una vida plena de bienestar, con sentido y con propósito. Una vida que valga la pena vivir todos los días, incluso en momentos que no tienen nada de felices.

Piensen cuántas veces hemos sido mujeres que vivimos buscando momentos felices para estar cómodas. Que si tener un novio para no sentir soledad, que si aparentar que nos cae bien alguien para evitar discusiones, que si plan tras plan para no pensar en nuestro vacío, que si acumular objetos para sentir abundancia, etcétera, etcétera.

¿Qué pasa si pensamos en vivir una vida con sentido y no una vida feliz? Aristóteles llamó a esto una vida eudemónica, y se refiere a la importancia de vivir una vida que armonice con el significado más profundo, un estado de satisfacción logrado mediante la situación de uno mismo en la vida, la que tiene; es decir, vivir cultivando tus mejores cualidades intelectuales y emocionales para desarrollar nuestro máximo potencial e involucrarnos de manera activa en la propia vida, en el trabajo, en la sociedad, en nuestra comunidad. A diferencia del hedonismo, que busca vivir en el placer y busca hacernos «sentir bien». Habría que hablar de una vida de «hacer bien» y encontrar, por medio de quienes somos, nuestro propósito de vida, el cual sólo nos puede llevar a estados máximos de dicha y de bienestar constante.

¡Ley de vida! Si vivimos esquivando el dolor, buscando todo el tiempo momentos de placer que nos hagan sentir bien, en lugar de buscar quiénes somos y cómo gozar la vida haciendo bien, lo único que lograremos es alejarnos de la meta.

Cuando una entiende esto, ser felices se vuelve un camino más fácil, en el que no existe dificultad en encontrar situaciones que nos hagan sentir bien, nos generen placer y nos liberen de estrés o ansiedad. El verdadero reto, entonces, es encontrar quiénes somos y el sentido que le da valor y propósito a nuestra existencia. La verdadera felicidad viene de una vida llena de significado, de conexiones profundas con una misma y de entusiasmo por dejar un mundo mejor que el que encontramos.

Y ¿cómo demonios vamos a encontrar nuestro propósito de vida o quién en este mundo va a decirnos por qué estamos aquí y cuál es nuestro llamado?

*Tendremos que echarnos el clavado más profundo a nuestro interior, porque ahí dentro hay una fuente inmensa de sabiduría que nos enriquecerá. Es nuestra brújula más precisa.*

Habrá también que estar alerta a todo lo que nos rodea, porque allá fuera hay cosas que nos guían de manera permanente y nos dan pistas sobre cómo vivir orientadas hacia lo que nos mueve.

141

La receta incluye algunos ingredientes de los que ya hemos hablado en capítulos anteriores, como autoestima, confianza, honestidad y valentía... Pero no quisiera continuar sin añadir unos cuantos más que nos ayudarán a entrar con el cinturón más cargado de herramientas a esta fantástica conquista, que hará más desafiante el reto y a la vez más fiable e inequívoco el encuentro con nuestro propósito.

Vamos a necesitar entusiasmo, libertad y esfuerzo. El entusiasmo, como el arma que nos permita invertir el tiempo y la cabeza con el debido ánimo para dedicar a nuestro proceso. El modo: libres, porque, como ya sabrán ustedes, son las únicas dueñas de su destino y vamos a tener que dejar fuera de la ecuación lo que digan, piensen u opinen los demás. Finalmente, repitamos:

## No hay felicidad sin esfuerzo.

La vida se pone buena cuando entendemos que requiere trabajo y sacrificio. Trascendamos. El proceso no es para nada inmediato, necesitamos esfuerzo para lograr este objetivo, y ya tenemos mil y un motivos para empezar el camino de descubrimiento de nuestro propio lugar en el mundo.

Ya lo decía uno de mis grandes maestros cuando de búsqueda de sentido se trata: Victor E. Frankl, en las alentadoras lecciones espirituales que comparte este hombre sobreviviente de los campos de concentración nazis de la Segunda Guerra Mundial, en su libro *El hombre en busca de sentido*, cuando afirma que uno de los componentes máximos del bienestar se basa en cierto grado de tensión generado entre lo que has logrado y lo que quieres lograr. Esa tensión, o ese espacio que existe entre quién eres hoy y en quién te quieres convertir mañana, es parte de lo divertido, del sabor de vivir y de poder sazonar a nuestro antojo con lo que nos deleitaremos de aquí pal real.

¿Listas? ¿Listas? ¿Listas?

**No busquemos sentido a la vida, creémosle sentido a la vida.**

¿Qué pasa si les digo que el trabajo es la gran fuente de inspiración que nos acerca a encontrar nuestro propósito de vida? La gran fuente de identidad. La gran fuente de consumo positivo de tiempo. La gran fuente de sentido. La gran fuente de oportunidades para ser parte de algo más grande que nosotras y contribuir a nuestra familia, a la sociedad y al planeta. Es real. Aunque no lo crean, ser productivas abarca casi todo el pay del sentido de vida y de encuentro con ser mujeres que disfrutan de vivir. Para crearle sentido a la vida hay que trabajar todos los días en estar cerca de lo que nos motiva y causa nuestro movimiento. Manos, ¿para qué las tengo? Para crear. ¡A trabajar se ha dicho!

Piensen esto: una sola oportunidad de vivir, con el privilegio de hacer lo que quieran, con la facultad de vivir contentas o no, con la libertad de hacer cambios en el mundo. Ustedes deciden.

Uno de los objetivos más importantes de este libro es que encontremos nuestro propósito en la vida, o como aquí lo llamamos nuestro superpoder. El chiste es que lo pongamos en marcha, logrando así mejorar en lo individual, pero también en lo colectivo, porque cuando nuestro sentido de vida aflora, el mundo lo percibe y nos lo reconoce manifestándose con retribuciones prodigiosas. Qué genial sería que todas dedicáramos nuestro tiempo a ejercer nuestro superpoder.

Aquí les tengo buenas noticias, y son las siguientes: ¡podemos hacerlo, nunca es tarde!

*Todas nosotras, las que tenemos este libro en las manos, vamos a ser las mujeres del cambio, las que haremos que el mundo sea más justo y más armónico.*

Y para poder hacerlo tenemos que encontrar nuestro superpoder, ese que podríamos llamar también nuestro don único, el talento con el que fuimos bendecidas y para lo que fuimos enviadas al mundo. El superpoder que le vamos a aportar al mundo. ¡Sí, le atinaron! ¡Ese con el que también nos vamos a realizar! Me refiero a esa capacidad para hacer aquello en lo que en verdad somos buenas, que, además nos apasiona y, por si fuera poco, le aporta al mundo. Es decir, hacer de lo que más nos gusta el destino de nuestro tiempo y energía.

No se preocupen si aún no lo han descubierto. Les voy a ayudar a hallarlo y, partiendo de ahí, podrán descubrir la magia. Sí, iremos de la mano hasta lograr encauzar su don. Pero ¡esperen! Me faltó decirles algo fascinante del tema: encontrar nuestro superpoder y estimularlo con conciencia y disciplina viene con premio: puede ser nuestra fuente de ingreso económico más sólida y la más deliciosa que puedan imaginarse.

¿Son mujeres que llevan años trabajando en un empleo que les da seguridad económica, pero les aburre profundamente y les genera una sensación de insatisfacción y de vacío, porque no es un vehículo mediante el cual encuentren motivación para ser quienes realmente son, y sienten que no están atendiendo a su más genuino llamado? ¡Todas siempre podemos reconsiderar!

Ya sé, ya sé que están superansiosas por tener en sus manos la información precisa y la fórmula correcta, casi alquímica, para encontrar su superpoder y hacer de él un propulsor que nos permita despegar hacia el universo más extraordinario donde podamos vivir.

Empezaré diciendo que lo primero que debemos saber es que las personas podemos vivir toda una vida mejorando; es más, debería ser una misión obligatoria o un chip que se integrara al momento de nacer. Eso siempre me gusta decirlo, porque es tan alentador como realista. No hay una sola persona que ya lo sepa todo, que ya lo haya experimentado todo y que sea inmejorable. De hecho, si alguna conoce a alguien por ahí que se jacte de no tener nada más que enriquecer en su vida, ¡salgan pero de volada de ahí! Admiro con devoción a las personas que dedican años de su vida estudiando cosas para que los demás podamos tener más herramientas e información con la cual contar y seguir desarrollándonos en nuestro ámbito. Soy absoluta fan de las evidencias. A mí díganme, por favor, cómo le hizo tal empresaria para obtener tanto reconocimiento, o cómo le hace esta otra señora para ver la vida con tanto humor y reírse de sí misma todo el día sin atormentarse ante ninguna adversidad, o por qué fulanita puede hacer dinero de su gran pasión en la vida.

Leí un estudio de la Universidad de Oxford que se hizo con el propósito de otorgarle a muchísimos jóvenes británicos una base sólida en la cual apoyarse en el momento de elegir una carrera idónea. Me encantó, porque los resultados arrojan que la gente más eficiente en el trabajo es la que labora para lo que es buena, haciéndolo con pasión, en un ambiente grato, en el que las cosas fluyan, los colegas aporten valor, el trabajo tenga que ver con mejorar el mundo y que cuente con una paga justa. Al leerlo, se nos hace obvio... ¿quién no querría eso?

Hoy podemos elegir y eso es un lujo, somos privilegiadas. Todas ustedes pueden buscar cuál es su superpoder y encontrar dónde quieren depositarlo.

Vamos paso a paso. Ya entendimos que nuestro superpoder es un don único que nos diferencia del resto del mundo, que corre por nuestras venas y hace latir nuestro corazón, y que, convertido en un propósito que aporte a los demás, nos dará sentido, provocándonos genuino placer y, en el mejor escenario, un muy buen ingreso.

¿Se han dado cuenta de cómo el superpoder se relaciona con el trabajo y con el deleite que este nos puede generar? El trabajo es poderoso y supersatisfactorio; lo recalco porque es fundamental partir de esta premisa si buscamos poner en marcha nuestro superpoder. La vocación, desde mi punto de vista, es el lugar donde se encuentran nuestro superpoder y las necesidades del mundo.

Puedo leer sus mentes y sé que algunas de ustedes se están preguntando si lo que quiero decir es que nuestro propósito debe ser salvar al mundo y ¡no!

Solemos pensar que el propósito de nuestra vida debe ser enorme: salvar al mundo, erradicar el hambre, combatir la pobreza, cambiar las leyes o desaparecer la violencia. ¡Equivocadas! El propósito se logra desde hacer el mejor arroz, ser una buena pareja, ser amable o coser cojines. Hay en el mundo una cantidad importante de personas y cada una sabe hacer algo mejor que todas las demás, y esto tiene una específica razón de ser.

Cada persona tiene un don exclusivo e irrepetible que le da identidad. Todas tenemos un talento que podemos potenciar y dominar hasta llegar a ser las mejores en ello y abrir la puerta para participar en el gran sistema del mundo pues, de alguna manera, es necesario para el funcionamiento del todo. Nuestras habilidades, capacidades, experiencias, creencias, conocimientos, valores e información son la identidad que nos define y con la que podemos colaborar. Digamos que el funcionamiento del mundo cuenta con nuestra aportación, con nuestro superpoder. No dárselo desbalancea la ecuación.

Puedo intuir que sus cabecitas se andan preguntando si nuestro superpoder es el mismo siempre y, ¿qué creen? No. ¡Quién soy y quién quiero ser no es para siempre! Somos mujeres en movimiento y se vale cambiar de opinión. Lo que sí es para siempre es cuestionárnoslo a cada instante. Tener claro quiénes somos y hacia dónde vamos es muy cercano a vivir una vida con propósito. Paremos las veces que sea necesario para preguntarnos de nuevo lo mismo.

Seamos realistas. Se dice fácil eso de encontrar el sentido de nuestra vida, tener un propósito y, además, trabajar en ello ganando dinero. Pero nadie dijo que fuera sencillo ni que se lograra de un día para otro. La mayoría de nosotras tenemos que aceptar trabajos por el simple y sencillo hecho de tener una necesidad económica, que sin duda es prioritaria en cierto momento de la vida. Lo que buscamos es poder un día salir de la zona de confort, destacar y nunca de los nuncas ser mediocres ni conformarnos con algo que no nos llene o, lejos de ello, nos ate a una vida tan trivial que nos desactive al grado de perder la chispa.

*Toma mucho tiempo y esfuerzo llegar a ese momento, pero es hoy cuando tenemos que dar el banderazo de salida al debate que tendremos con nosotras mismas por los siguientes meses o años, no importa; el chiste es comenzar a cuestionarnos.*

Para empezar, debemos partir de que tener un trabajo que se basa en una mera responsabilidad económica no quiere decir que estemos alejadas de encontrar nuestro verdadero propósito y superpoder. ¡Para nada! Si la duda nos llega trabajando, hemos avanzado mucho en el camino. Averiguarlo desde cero, sin nunca antes haber trabajado, nos tomará un poquito más tiempo, ese en el que se aprende a trabajar.

Escuchen algo: la vida es sabia y nos tiene donde nos tiene en determinado momento por alguna razón. Hay tiempos para todo. Lo que quiero decirles es que en todos los casos hay luz al final del camino, pero es muy importante que

*Estén paradas donde estén paradas en este momento de la vida, sean mujeres fregonas que saben por qué están ahí.*

Si están en un trabajo que no es santo de su devoción, sepan encontrar la manera de verlo como un espacio, un proyecto o un lugar en el que pueden desempeñar un rol de servicio que ayude a los demás, en el que aprendan una infinidad de habilidades que las acerquen paso a pasito al lugar que buscan, lo cual inmediatamente las pone en el peldaño de mujeres con estrella. Nuestra labor aporta desde donde estemos porque, como ya lo dijimos, es parte de un gran todo que hace funcionar el mundo, y eso tiene ya suficiente peso como para valorar nuestro trabajo y verlo con mejores ojos, por más alejado que esté de lo que más nos gusta hacer.

La habilidad de encontrarle propósito a cada acción diaria que hacemos, por pequeña que sea, es sin duda el cimiento sólido en el que construiremos el camino de vivir una vida con verdadero significado.

Emilia, mi amiga, vende prótesis y siempre me cuenta que su trabajo no la hace feliz, pero que sabe que no está el horno pa' bollos, así que no lo puede dejar hasta tener otro bien asegurado. Lo ve con buenos ojos y su optimismo la hace encontrarle lo bueno, de modo que agradece tenerlo, poder ayudar a las personas que pierden una extremidad y contribuir de esa manera. En las tardes llega a casa y escribe cuentos para niños. Lleva dos años haciéndolo y lo que está es preparando su partida, para poder publicar su primer libro y recibir dinero de ello, lo cual estoy segura sucederá más pronto que tarde.

Lorena es otra amiga que jamás ha trabajado; sin embargo, su búsqueda comenzó hace unos meses y su manera de prepararse ha sido tomando clases de fotografía digital, porque lo que quiere es capturar momentos que expresen su sentir y poder exponerlos en una galería de arte, en la que pueda compartir su visión del mundo en blanco y negro, y con sus ventas regalarle a su marido un viaje familiar.

*Todas vamos a llegar. Todas.*

## • ¿CÓMO ENCONTRAR MI SUPERPODER?

Descubrir cuál es nuestro superpoder es escuchar el auténtico llamado de nuestra vida y, ¿saben de dónde viene? De adentro.

Lo que voy a decirles puede sonar un tanto absurdo y quizá confrontador al mismo tiempo, pero es, en la mayoría de los casos, atinado: la respuesta siempre ha vivido en nosotras. De alguna manera, toda la vida hemos sabido qué queremos y más bien, no nos hemos atrevido a descubrirlo ni mucho menos a ponerlo en práctica. Con ello hay una buena y una mala noticia. La buena es que el universo y la vida nos ayudan mandando señales, intuiciones, latidos, instintos, olfatos y presentimientos que habrá que aprender a decodificar con una especie de confianza ciega, con el conocimiento de que estamos protegidas y apoyadas incondicionalmente. La mala es que, para tener claridad de lo que queremos y saber cuál es nuestro propósito en la vida, tenemos que dejar de pensar y actuar. No hay manera de esperar nuestro llamado sentadas en un sillón, viendo la tele, ni tampoco se me vayan a confundir pensando que alguien las está buscando para extraerles su gran talento único y explotarlo, porque eso no sucede.

*Todas las grandes personalidades, líderes, genios, ejemplos o gente que admiran lucharon para estar donde están, y la creatividad para lograrlo surgió en el movimiento entre un escalón y el que sigue.*

Ni ellos ni nadie son mejores que nosotras. No tienen un regalo más grande que el nuestro. Tienen un cuerpo, una vida, una mente, un don, una habilidad, un deseo, un propósito igual que nosotras, y lo que los ha hecho brillar han sido sus fervientes ganas de luchar para verlo realizado. Nadie vendrá a salvarnos, a decirnos qué hacer. No hay más ciencia oculta. Somos nosotras. Todo está en nosotras. Dentro de nosotras. Somos las dueñas de nuestra creatividad, nuestra magia y nuestros dones. El mundo necesita nuestro don. Somos capaces. Estamos listas. Siempre estamos listas por el simple hecho de estar vivas.

Para encontrar nuestro superpoder en la vida basta con viajar por el camino que nos hace sentir atraídas. Ir hacia donde nos sentimos más cómodas.

*Vayan en la dirección de su llamado auténtico. Lo que las mueve a ustedes, no lo que les dijeron que hicieran. Sin prisa, la misma vida les irá mostrando qué sigue.*

151

## ¿Quieren más pistas?

Esta pregunta es infalible para arrancar esta nueva etapa: ¿a qué dedicarías tu tiempo si tuvieras tus necesidades económicas resueltas?, o dicho de otro modo, ¿qué harías si tuvieras toda la lana del mundo?

Todas las mujeres que encontramos nuestro superpoder o nuestro propósito en la vida pasamos por un momento (largo o corto) de mucha claridad. Entre más segura estés de lo que quieres y de por qué lo quieres, más rápido y fácil será ver los resultados tan prometedores que todas buscamos.

Suena un tanto obvio, pero en este libro vamos a saltarnos lo obvio y vamos a hablarlo todo a fondo, porque buscamos ser mujeres ganadoras. Si no sabemos a dónde queremos llegar, jamás llegaremos. Tan importante como saber a dónde queremos llegar, será preguntarnos por qué queremos llegar ahí. Tener una razón sólida de por qué hacemos lo que hacemos y actuamos como actuamos nos evitará distracciones y desviaciones del camino que harán el trayecto más largo. Un contundente «porqué» le saca jugo a la vida y la vuelve mucho más apasionante. Tener claridad en las razones por las cuales queremos lograr algo nos da poder. Y les tengo una noticia, este es el camino para convertirnos en mujeres imparables.

Si no tenemos claridad en la justificación por la que hacemos las cosas, nos vamos a aburrir, nos vamos a frustrar y nos vamos a abrumar a tal grado que no habrá manera de enfocarnos. ¡Ojo! La falta de foco atomiza la energía y la capacidad, al grado de pulverizarla, y nadie quiere desaparecer en este mundo tan competido y en el que sólo tenemos una vida para brillar.

Aquí les va un atajo, hay tres preguntas clave que ayudan a encontrar esa respuesta tan trascendental que vive dentro de nosotras. Solemos cometer el error de unir estas preguntas como si fuera una sola, pero lo inteligente será no mezclarlas y contestarlas por separado:

1) ¿Qué me apasiona?
2) ¿Para qué soy buena?
3) ¿Cómo me gustaría contribuir al mundo?

Imaginen la foto final. Aquella que las retrata cien por ciento realizadas.

¿Dónde se ven?

_____

¿Qué hay en esa foto?

_____

¿Cómo quieran ser recordadas?

_____

¿Qué las mueve?

_____

¿Qué las hace levantarse de la cama?

_____

¿Dónde sienten que no pasa el tiempo de lo felices que son?

_____

¿Qué las emociona?

_____

Cierren los ojos e imaginen que pueden crear cualquier cosa que se les ocurra en el ámbito emocional, psicológico, profesional, financiero, social, intelectual y espiritual, impactando de una manera muy positiva al mundo. ¿Qué harían?

Algunas otras preguntas para que se inspiren aún más serían: ¿a quién admiran y por qué?, ¿qué las conmueve?, ¿dónde les gustaría ayudar?; desde su óptica, ¿qué cambios necesitan suceder en el mundo?, ¿qué acciones podrían comenzar a tomar para ello?

## • PASIONES Y HABILIDADES

Mucho hemos escuchado la frase «sigue tu pasión y dedícate a ello», y es aquí donde me voy a detener para desmenuzar bien este concepto, pues, como les decía, es muy relevante que entendamos la diferencia entre encontrar nuestra pasión por algo y dedicarnos a ello, si de encontrar sentido a la vida se trata.

Si nos ponemos estrictas con la definición de *pasión* del diccionario, veremos que es un «sentimiento vehemente capaz de dominar la voluntad y perturbar la razón. Una emoción intensa definida como un sentimiento muy fuerte hacia una persona, tema, idea u objeto o el entusiasmo o deseo por algo». Si nos basáramos en esta definición y la aplicáramos a la búsqueda de nuestro superpoder y nuestra misión en el mundo, todo sería un poco caótico y la probabilidad de que tuviéramos una economía sana y un crecimiento económico en desarrollo sería muy baja. Es decir, si partimos de esta premisa y sólo seguimos nuestra pasión para decidir a lo que dedicaremos nuestra vida, tengo la ligera sospecha de que se sobrepoblarían ciertas profesiones, puesto que muchas personas somos apasionadas de las mismas cosas. Sin embargo hoy, como mujeres conscientes, seguras de nosotras mismas y tomando las mejores decisiones, quizá sería relevante sentarnos por un instante a pensar si seguir nuestra pasión es el camino para encontrar nuestro superpoder, o más bien, si cuando lo encontremos nos apasionaremos por él.

Lo que quiero que piensen es que nuestra pasión no es nuestro todo a la hora de encontrar nuestro superpoder. Tendremos que ponderar otros elementos. Yo, por ejemplo, soy una apasionada de coser, velear y del vino. Si depositara mi confianza en que seguir mi pasión me llevaría a tener un trabajo con el que me realizara y que me brindara placer, dinero y plenitud, creo que no hubiera funcionado tanto, pues quizá sería fabricante de trapos para *sommeliers* de veleros o, en una de esas, la única productora del único vino del mundo con etiqueta de tela, que se despacha para picnics en islas desiertas a las que sólo se llega en velero.

¿Y si no tenemos una pasión definida? Entonces, ¿no encontraremos nuestro superpoder? Vaya, que no podemos guiarnos únicamente por ese elemento.

Lo bonito del asunto, y por lo que les quería exponer el tema de las pasiones, es que contemplar nuestra pasión es de suma importancia, pero es apenas una parte de la ecuación. Otro tanto tendrá que ver con nuestros talentos. ¿Para qué somos buenas?

Todas y cada una de nosotras podemos desarrollar pasión por lo que hacemos y para lo que somos buenas; por ejemplo, yo no me hubiera imaginado terminar trabajando en temas de empoderamiento femenino; sin embargo, entendí que era buena para comunicar, guiar e inspirar a mujeres; que ayudar me hacía sentir muy bien, que me rodeaba de gente muy afín y que cada tarea que hago saca lo mejor de mí. Y eso me comenzó a apasionar. Ahí comienzan la magia, la emoción y el fervor.

Imagínense lo limitante que puede ser pensar en una sola pasión para toda la vida, ¡qué angustia! Yo me autodefino como la persona más multiapasionada que conozco: me apasiona escribir, me apasiona viajar, me apasiona leer, me apasiona cocinar, me apasionan muchas cosas.

Piensen en una persona superexitosa; la probabilidad de que haya desarrollado pasión por su habilidad es enorme y la probabilidad de que haya desarrollado habilidad persiguiendo su pasión es más baja. Tomen en cuenta que las pasiones, además, van cambiando a lo largo de nuestra vida y, como dicen por ahí, no es lo mismo los tres mosqueteros que veinte años después. **Así es la vida, nuestros intereses se transforman y hay que estar atentas a ello.**

A mí, hace unos años, me fascinaba el cine; hoy me duermo en cualquier película que me pongan a ver. **Es más fácil apasionarnos por nuestro llamado y habilidad que volvernos talentosas en nuestra pasión.**

Hablemos entonces de los talentos. Así como una pasión no nos lleva al éxito, un talento tampoco. Necesitamos el balance correcto entre ambos. ¿Qué son los talentos, esas famosas aptitudes que tenemos las personas?

Hay un estudio fabuloso realizado por el ensayista estadounidense Daniel Coyle, quien es un apasionado por la ciencia detrás del talento de las personas. Coyle ha dedicado varios años de su vida a buscar los patrones, códigos, usos y costumbres de los semilleros de talento más notables del mundo con el propósito de descubrir en qué radican las capacidades de las personas. Sus hallazgos son fascinantes pues nos permiten saber que:

*El talento es una capacidad cerebral que podemos desarrollar, y no un rasgo con el que se nace.*

Se trata más bien del trabajo de una sustancia llamada mielina, cuyo objetivo es fortalecer el ducto que une a dos neuronas y, con ello, incrementar la velocidad a la que estas se comunican, logrando así acrecentar nuestras habilidades. En la medida en que fortalezcamos conexiones en el cerebro para que no se rompan ni se desgasten, podremos desarrollar habilidades sin olvidar lo aprendido. ¿Lo atractivo del asunto? El neurólogo e investigador de la mielina de la Universidad de California en Los Angeles, George Bartzokis, afirma que el desarrollo de cualquier habilidad opera bajo el mismo principio y nosotras somos capaces de segregar más y más mielina. ¡Eureka!

Cuando descubrimos que podemos desarrollar habilidades y cómo hacerlo, el mundo cambia, porque entendemos por qué unas personas son mejores para ciertas cosas que otras. Pero ¿cómo se produce más mielina? Con la práctica. ¡Sí, queridas! La práctica hace al maestro… ¡Esperen un segundo! No es tan sencillo, porque los científicos que estudian la mielina no se refieren a la práctica común. Practicar mucho un deporte desde luego que ayuda, pero no necesariamente nos hará más talentosas en él.

*La práctica a la que se refieren los estudiosos del código del talento es la «práctica profunda», la que realmente desarrolla las habilidades de la gente y tiene que ver con practicar nuestra habilidad en circunstancias adversas.*

¿Situaciones adversas? Sí, las que presentan dificultad al practicarse. Ellos mismos sugieren analizar el ejemplo más claro y sorprendente: ¿por qué los futbolistas en Brasil son mejores que en Holanda o en México? Porque Brasil no practica *futbol* en una cancha, con un balón, con once jugadores. Practica otra cosa que no se llama futbol, se llama *fasbol*, y lo hace en una cancha de cemento más chica, con una pelota la mitad de pequeña y el doble de pesada, y con seis contra seis jugadores. Nunca practican el futbol que juegan, y es una tradición que ellos mantienen desde hace muchos años y que ningún otro país sigue.

*Si nos entrenamos en condiciones menos favorables, después todo es miel sobre hojuelas.*

Me recuerda al escritor estadounidense Mark Twain cuando dice: «Si eres capaz de comerte una rana viva como primera actividad diaria, serás capaz de todo durante el resto del día, y lo considerarás fácil».

De lo que estamos hablando es de que los talentos y las habilidades se pueden desarrollar y que, si bien se puede nacer más propenso a ciertos talentos, estos pueden acrecentarse si se practican a profundidad. Es probable que les parezca muy alentador que la fórmula para encontrar nuestro propósito en la vida o ese superpoder que nos va a hacer felices tiene que ver con estar conscientes de que siempre podemos ser mejores, y más ahora, sabiendo que nosotras dictamos qué tan habilidosas seremos, si practicamos profundamente nuestras capacidades.

Contéstense, entonces:

- ¿Qué habilidades especificas tengo?
- ¿Qué tipo de problemas arreglo mejor que nadie?
- ¿La gente pagaría por alguna de mis habilidades?
- ¿Con quién tengo afinidad?
- ¿Con qué tipo de gente estoy más conectada?
- ¿Qué talento me caracteriza?
- Y mi favorita de todas, porque me parece la más potente: ¿en qué me sentiría por completo calificada para dar clases?

Hagamos entonces un ejercicio muy divertido, porque ya nos estamos acercando a saber toda la verdad.

**¿Para qué soy buena? ¿Cuál es mi pasión?**

Si no nos contestamos con absoluta honestidad, este trabajo no sirve, porque es un momento en el que vamos a hablar con nosotras mismas, viendo con transparencia quiénes somos y siendo extremadamente autocríticas.

**EJERCICIO**

Busquen un papel y escríbanlo. Hagan una lista lo más larga posible de sus pasiones y otra de sus habilidades. Todo lo que venga a su mente. Escríbanlo todo hasta llegar a por lo menos 15 características de cada una. Al finalizar, busquen tres de ellas que coincidan tanto en habilidad como en pasión, y subráyenlas. Ahora, pregúntense con estas tres finalistas si desde ahí se sentirían cómodas aportando y contribuyendo con su superpoder al mundo.

## • ¿CÓMO LE APORTO AL MUNDO?

Con la información que hasta ahora tenemos y la profunda inquietud que anda removiendo sus entrañas y su corazón, es suficiente para echar a andar esas cabecitas y de una buena vez determinar cuál es el propósito de nuestras vidas.

No tiene relevancia la edad que tengamos para encontrarlo, pero sí les imploro que no dediquen mucho más tiempo en la búsqueda, porque no quiero que nos pase lo que a mucha gente le sucede: pasarse la vida buscando.

*¿Les digo algo? Vivir buscando no es vivir.*

Las pasiones y las habilidades se encuentran en nuestro más íntimo y personal yo. Sin embargo, la última parte de la receta con la que se consigue encontrar nuestro super-poder nada tiene que ver con nosotras ni con nuestro ser; esta vez vamos a dirigir nuestra mirada hacia las personas allá fuera, porque ahora es cuando serán nuestro vehículo para relacionarnos con el exterior y nuestro conducto para colaborar con el mundo.

Mucho nos hemos preguntado en la introspección sobre quiénes somos, y ahora le damos paso a estas tres preguntas clave para tener absoluta certeza de que lo que haremos es relevante para los demás y que nuestro propósito le aporta al mundo:

 ¿Para quién queremos hacer lo que queremos hacer?

¿Qué necesitan o quieren esas personas?

¿Cómo haremos que esas personas mejoren con nuestro superpoder?

Hagamos, pues, el ejercicio de hablar en el otro sentido esta vez. De afuera para adentro, de adelante para atrás. Si nos cuestionamos qué es lo que el mundo necesita, podremos entrelazarlo con nuestras habilidades y nuestras pasiones para encontrar una cosa esplendorosa que sea nuestra misión.

Me gusta mucho pensar, y las invito a hacerlo, que nuestra aportación al mundo es cambiar la noción de «tener un trabajo» por «tener una misión», y adoptar este nuevo chip con mucha seriedad como eje rector de lo que hacemos, porque tenemos el tiempo contado para hacer nuestra aportación y para verla realizada en el tiempo que nos queda; entonces, tenemos que estar muy enfocadas.

*Hablar de una misión nos reduce distracciones y nos ayuda a mantenernos apegadas a desarrollar al máximo nuestro superpoder.*

Entiendan conmigo esto: es muy distinto querer aportarle al mundo que tener una misión con la cual aportarle al mundo; en uno hay un plan y en el otro no. ¿Me siguen? Nosotras queremos ser mujeres con un plan en la mano para así reducir las posibilidades de que nos perdamos. Si no tenemos las metas claras, inevitablemente caeremos en las garras del temible monstruo que se dedica a detectar nuestro esfuerzo para elegirnos y colocarlo en los planes de alguien más. ¡Justo lo que queramos evitar!

Hay algo increíble en contribuir al mundo: implica generosidad. Esta es una virtud mágica que siempre nos retribuye de la manera más positiva que puedan imaginarse. Aquí no hablaremos de lo que nosotras queremos, sino de lo que los demás necesitan, lo que el mundo nos está pidiendo a gritos y debemos ser capaces de darle.

*Las invito a ser mujeres que le aportan al mundo desde una misión y no desde una ambición.*

Me gustaría que quedara superclaro que este modelo no tiene nada que ver con ganar dinero o no hacerlo, ni tampoco estoy hablando de ser mujeres altruistas.

A lo que me refiero es que cuando los motivos y las razones que nos impulsan a poner en marcha nuestro superpoder son los correctos, el dinero llega solo. ¡Y ojo! Tampoco se me desvíen pensando en que las necesidades del mundo son problemas de la humanidad; se necesita una juez en la corte internacional tanto como se necesita una costurera en la colonia. No aporta una más que la otra. Todas y cada una de nosotras aportamos

162

por igual, si logramos entrelazar nuestras habilidades y pasiones con las necesidades del mundo. Hay para todas y eso es maravilloso, porque entiéndanme muy bien cuando les digo que nuestra misión no debe ser grande, sino precisa.

¿Alguien de aquí puede pensar que la modesta, pero crucial, misión de Eugenia de enseñar a los niños a leer y escribir es menor? Nadie. Como nadie tampoco se cuestiona si la misión de Aurora, de llevar comida a domicilio es grande o chica. Aurora aporta para que el mundo funcione. Punto. Cada quien pone su vara y su escala; eso no es relevante.

Lo relevante es nuestra actitud de ser útiles y planear nuestra vida para no ser consumidoras por accidente de los planes de alguien más, o elegidas de manera aleatoria para ser empleadas de otros.

*Todas podemos y debemos tener nuestra propia misión.*

Les voy dar un superconsejo: cuando les pregunten a qué se dedican, en lugar de contestar con la respuesta de su trabajo, contesten con la respuesta de su misión. Cambien el «vendo arreglos florales» por «armonizo casas», o intenten transformar el «escribo cuentos para niños» por «hago que los niños duerman en paz», o cambien el «soy maquillista» por «ayudo a las mujeres a sacar lo mejor de sí»... ¡Se volverán mujeres interesantísimas!

Todo lo que he dicho se logra de una sola manera que lo engloba todo: creando.

*Sólo experimentando podremos saber si hemos encontrado nuestro superpoder.*

Nunca olviden que este no nos define para siempre ni es eterno, así que habremos de probar, probar y probar en dónde somos nuestra mejor versión, la que nos hace mujeres que le generan valor al mundo.

Picasso solía decir que «la inspiración le llegaba siempre trabajando», así que actuemos y pongamos manos a la obra. No nos convertiremos en buenas escaladoras observando una montaña. El plan debe ponerse en acción para saber si es nuestro llamado, y será necesario estar bien atentas a lo que sentimos cuando lo llevamos a cabo, así como a los resultados que nos arroja la vida de regreso.

Tiene mucho que ver con instintos, con vibraciones, con saber dónde nos sorprendemos a nosotras mismas sonriendo, dónde nos sentimos completas y dónde sentimos que liberamos nuestro máximo potencial.

Hay que pintar cuadros si queremos ser pintoras. No basta con querer hacerlo, sabernos capaces y estar apasionadas por ello. Es el momento de invertir horas en el tema y medir qué tanto funcionamos haciéndolo, qué tan intensamente late nuestro corazón. Una vez que pase esto, podremos comprometernos a hacer de tal decisión, un proyecto de vida, y es entonces cuando podremos comenzar a hablar del trabajo como el conjunto de actividades que realizamos con el objetivo de alcanzar nuestra meta y que siempre vendrá acompañado de sorpresas, subidas, bajadas, buenas, malas, ganar, perder, errores y aciertos.

*Comprometerse cien por ciento a luchar por nuestro sueño trabajando en él viene acompañado de equivocarnos y de cometer errores siempre de los siempres.*

Dicen por ahí que es el único camino al éxito. ¡Salgamos al mundo y comámonoslo!

Me gusta mucho la frase que dice que **el éxito es caminar de fracaso en fracaso con entusiasmo,** porque es una linda manera de entender que así es la vida. Cientos y cientos de veces nos van a salir mal las cosas y esa jamás será una causa para rendirnos. Prohibido tirar la toalla, porque nadie dijo que iba a ser fácil encontrar nuestro superpoder y ponerlo en marcha. Lo que empieza es una aventura fascinante pero que, siendo realistas, puede ser un tanto frustrante, y dado que no hemos ido por ahí antes, no sabemos lo minado que pueda estar el camino. Por ello será de vital importancia no desconcentrarnos ni rendirnos antes de tiempo.

Las mujeres tendemos a ser muy duras con nosotras mismas y solemos juzgarnos o autoevaluarnos de manera prematura. Les pido que sean superpacientes y muy conscientes de que entre más rápido fracasemos, más rápido llegaremos a la meta. En la medida en que aprendamos a tropezar y a tener el entusiasmo para levantarnos una y otra vez, entenderemos que es parte del proceso y que no pasa nada.

Hablemos, pues, del trabajo y del éxito en las siguientes páginas. Pero antes:

## ¡A brillar!

 El bienestar sabe rico cuando lo consigues por tus propios méritos y con tus propios recursos.

 La verdadera felicidad viene de una vida llena de significado, de conexiones profundas con una misma y de entusiasmo por dejar un mundo mejor que el que encontramos.

 Ese espacio que existe entre quién eres hoy y en quién te quieres convertir mañana es parte del sabor de vivir.

 Aprende a encontrarle propósito a cada acción diaria, por pequeña que sea, pues es el cimiento sólido en el que construirás una vida con verdadero significado.

 Para encontrar tu superpoder en la vida, viaja por el camino que te haga sentir atraída.

 El talento es una capacidad cerebral que puedes desarrollar, y no un rasgo con el que se nace.

 Ten metas claras. Sólo con un plan en la mano podrás reducir las posibilidades de perderte.

 Cuando te pregunten a qué te dedicas, en lugar de contestar con la respuesta de tu trabajo, contesta con la respuesta de tu misión.

Winston Churchill tenía razón: el éxito es la habilidad de ir de fracaso en fracaso sin perder el entusiasmo.

# El vehículo para alcanzar nuestra estrella

- ## LOS BENEFICIOS DEL TRABAJO REMUNERADO

 Por qué pienso que el trabajo es LA herramienta, si de vivir con estrella se trata?

Por varias razones. Empecemos.

Entendamos que el trabajo es una acción que lleva a cabo el ser humano, cuyo objetivo, motor y resultados se han modificado a través de los años y de la historia de las civilizaciones: El trabajo como el arte de convertir nuestras habilidades en remuneraciones. El trabajo como obligatorio. El trabajo como una opción. El trabajo sin paga y estrictamente para esclavos. El trabajo para satisfacer a los hombres del arte y la filosofía. El trabajo comprendido para todos, menos para la nobleza. El trabajo como orgullo de tradiciones familiares. El trabajo para acumular riqueza. El trabajo exclusivo para el género masculino... En fin, el trabajo ha tenido distintos momentos y ha sido concebido de varias maneras a través de la historia. Incluso, la generación de nuestros abuelos lo percibe bajo una mirada diferente a la nuestra.

Hay muchas maneras de entender el conjunto de actividades que realizan las personas con distintos fines o metas, así que hablemos de lo que nos atañe, lo que nos tocó a nosotras, que desde mi visión, es la gran era de las mujeres.

Para empezar, tenemos el privilegio de la elección. Si analizamos que la evolución del trabajo a través de los años ha pasado por tantos distintos paradigmas, veremos que somos unas suertudas del mundo laboral contemporáneo que nos tocó, pues a diferencia de otros momentos de la historia, nos permite elegir. Elegir si queremos trabajar, elegir en qué queremos trabajar, y aquí viene lo más interesante:

*Por primera vez podemos elegir el trabajo como un factor de felicidad que nos permite realizarnos y cumplir nuestro propósito.*

Hoy podemos hablar del trabajo como una inagotable fuente de bienestar. ¡Nos tocó la mejor de todas las eras! ¡Gracias! Somos testigos presenciales de concebir el trabajo como una elección libre que define nuestra identidad, capaz de otorgarle sentido a la vida y que, además, ¡nos da autonomía! ¡Qué conveniente! Hoy podemos ser las autoras de nuestra propia historia y no estar determinadas por las circunstancias de nuestro nacimiento, como sucedió por mucho tiempo, cuando ser exitoso o no serlo no tenía nada que ver con tu desempeño o tus talentos, sino más bien con el accidente coyuntural de tu existencia en ese lugar, en ese momento. ¡Gracias de nuevo! No se tienen que ir tan lejos, basta con que hablen con sus abuelas.

Apreciar el mundo moderno en el que nacimos no es menor tarea. Piensen, por ejemplo, en el reconocimiento por nuestras labores. Pónganse a ver que hoy podemos ser premiadas por hacer lo que nos gusta, por nuestros méritos y esfuerzos. Y aunque persisten los sesgos de género en el ámbito laboral, no sería justo ignorar los logros alcanzados.

Quiero pausar tantito para contarles una historia genial que tengo con el trabajo. Como les decía, estudié la carrera de Comunicación y comencé a trabajar desde el principio de mis estudios profesionales, a los 17 años, porque en mi casa no se cuestionaba si se trabajaría o no, lo único que se debatía era en qué se trabajaría, cómo y cuándo.

Quería trabajar. No importaba en qué. Más bien, en lo que se pudiera, y si estaba relacionado con mi carrera, pues mejor. Así que empecé a chambear en la industria del cine. La encontraba fascinante. Hice de todo: vestuario, maquillaje, arte; me involucré en la edición y hasta en el sonido de las filmaciones. Poco a poco me fui abriendo camino en el área de producción, que era lo que más me gustaba hacer. Así, pues, desde chamaca fui entendiendo el trabajo como un espacio que me daba oportunidad de conocerme; me brindaba gran satisfacción y, por supuesto, me generaba el ingreso para poder costear mis gastos y no tener que depender de las decisiones de alguien más en el camino de mi vida.

Después de varios años de trabajar y ser independiente, llegó a mi vida una persona que en ese entonces vi como una especie de regalo cósmico protector, que me ofreció la posibilidad de no trabajar y recargar mis necesidades en él, un esposo que procuraría mi bienestar económico, lo cual agradecí y vi como un premio en la vida que no necesariamente me merecía, pero que sin duda iba a recibir y disfrutar. Decidí tomar la oferta. ¡Qué delicia no trabajar, qué delicia descansar, qué bonita sensación!

Pasó algo sensacional que sé que les va a encantar leer: mi carrera se había terminado, porque tenía el mundo resuelto gracias a la generosidad de un hombre que había decidido pagar mi vida por medio de su trabajo. Yo seguía teniendo un par de actividades muy mías, como ir al gimnasio, cocinar o diseñar joyas en un cuaderno, mientras supervisaba que la ropa estuviera guardada en los cajones correspondientes. Recibir invitados en casa se volvió mi pasión y atenderlos bonito, mi privilegio. Dábamos cenas de diez o doce personas, por lo general desconocidas para mí, pero que formaban parte del trabajo de mi marido. Yo me emocionaba, porque frecuentemente venían a la casa personajes fascinantes del mundo de la política, la ciencia o el arte, uno más interesante que el otro, y de quienes tenía yo mucho que aprender.

Empezó a pasar algo rarísimo, en aquellas tertulias, cuando volteaban a preguntarme: «Tati, ¿a qué te dedicas?», comencé a notar un contradictorio sentimiento en mi corazón de querer presumir que no me dedicaba a nada, porque mi marido me mantenía, pero, a la vez, de querer compartir que antes

hacía películas y producía documentales con la gente más talentosa del país.

Sin embargo, eso ya no era a lo que me dedicaba, así que mi
respuesta era: «Ahorita no estoy haciendo nada». Me di cuenta
de algo terrible: antes, la gente tenía interés en conversar conmigo y saber quién era, pero desde mi nueva versión de ama de
casa, ya no. No hacer nada no tenía nada de atractivo e inevitablemente perdía la atención de la persona que, tristemente, se
volteaba a platicar con el comensal del otro lado de su silla.

Recurrí a la sabiduría de mi madre para contarle mi frustración y la extraña sensación que me invadía: por un lado, el gozo
de no trabajar, pero por otro, el extrañarlo mucho. Entonces se
le ocurrió algo genial: «Desde hoy eres observadora de pájaros», me dijo.

Así fue. En una cena con diputados, escritores y empresarios,
me preguntaron:

—Tati, ¿a qué te dedicas?

—Soy observadora de pájaros.

—¿Cómo? Pero ¡cuéntame!...

—Sí, mira, soy observadora de pájaros, de pájaros del Amazonas.

—Wow, qué interesante.

—Sí, muy. Lo que busco es la extensión del plumaje pero,
sobre todo, los intervalos entre aleteos... y... bla, bla, bla...

Mi ejercicio fue meramente antropológico. Quería investigar las reacciones de la gente al contar mi cuento y descubrir
qué tan interesante podía yo volverme contando tal mentira, y
¡claro!, era el centro de atención, todos escuchaban sobre mi
trabajo, me hacían preguntas y yo inventaba todo con una faci-

lidad brutal que me divertía muchísimo. Llamaba su atención y me sentía reconocida, respetada, aceptada, interesante, capaz y contenta.

Lo más importante que pude analizar con mi travesura fue la inmensa importancia que tiene en una persona ser definida por algo que hace.

*Comprobé que no hay nada más llenador y placentero que ser la persona que más te gustaría ser.*

Aquella primera sensación de regocijo por haber dejado de trabajar comenzaba a desvanecerse para volverse una de las sensaciones más incómodas que había experimentado. Afortunadamente, todo lo veo como el aprendizaje que es y estoy agradecida porque la circunstancia me abrió los ojos y me permitió entender la belleza y los beneficios del trabajo remunerado. Nadie me lo contó. Yo ya estuve en ambas posiciones, la de una mujer que, al pasar frente a un aparador y ver un vestido divino que desearía con todas sus fuerzas poseer, tiene dos opciones: recurrir a alguien para pedírselo o entrar y comprarlo. Así de sencillo. La de una mujer definida por alguien o la de una mujer que se define a sí misma. Creo que ya saben el camino que elegí.

Hoy, la elección de un trabajo debe ser tomada con extrema inteligencia, pues somos testigos de un momento en el que hay tal cantidad de opciones que resulta fácil desviarse en la decisión y terminar siendo algo que no queremos.

Insisto: el trabajo es identidad. Entonces, en esta medida, el trabajo no sólo es una herramienta de independencia económica, sino también una de realización personal.

Voy a ser cuidadosa en esto, pero quiero remarcar la importancia, el privilegio y la oportunidad de entender el trabajo como tal, como una fuente de beneficios por demás bondadosa.

Cuesta creerlo a estas alturas del partido, pero he conocido a algunas mujeres que conciben el trabajo como algo malo, y eso me preocupa sobremanera. Por lo general son mujeres que crecen bajo tradiciones familiares en las que se considera que trabajar es exclusivo de los hombres, y el cuidado de los niños o de los padres queda en manos de la mujer. Cuando escucho frases como: «Mi marido nunca está en la casa y me siento muy abandonada, porque se la pasa trabajando», o «Siempre está ocupado en el trabajo y no dedica tiempo para mí», o «Yo aquí, cuidando a sus hijos y él en comidas de trabajo», me preocupo. Me inquieta pensar que haya mujeres que no valoran el esfuerzo del hombre, pero al mismo tiempo las entiendo, porque no haber trabajado nunca las priva de conocer a fondo el esfuerzo que implica mantener a una familia y las satisfacciones que genera el trabajo, lo cual indiscutiblemente entorpece su capacidad de ser empáticas.

Me angustia verlas tristes y saber que desconocen su superpoder y el impacto tan positivo que este podría tener en sus vidas. Me desconsuela que nos estemos perdiendo de su talento único y de su alegría. Me alarma escuchar la versión de un hombre que trabaja de sol a sol para sustentar a su familia, y su perjudicial reacción al recibir dichos comentarios de su mujer. Soy experta en el tema, porque he tratado con muchas parejas que han pasado por esta situación, y me duele saber lo frágiles y vulnerables que se vuelven al estar en dos canales tan distintos y en diferentes visiones de una misma realidad: ella culpándolo a él de su distancia y él culpándola a ella de su cerrazón.

Les tengo que contar de Laura y Miguel. Él, empresario, y ella, mamá de tiempo completo. Veinticuatro años juntos. Casa de descanso en Cuernavaca y viajes en las vacaciones de sus tres hijos. Laura, desmotivada, deprimida y triste, adjudicándole sus males a la soledad que siente y al nido vacío que se avecina, con la partida de sus hijos a universidades en el extranjero. Miguel, trabajando sin cesar. Laura reclamándole su ausencia. Miguel, desmotivado, desconectado y cansado de la frustración de Laura. Laura toma antidepresivos. Miguel tiene novia en la oficina. Dos de los tres hijos beben hasta perder el conocimiento en las fiestas. Laura los cuida al día siguiente.

Un buen día tomé un café con Laura para hablar largo y tendido de mi deseo de ayudarla a encontrar su superpoder y accedió. Meses después, Laura emprende. Aprende a trabajar. Comienza una vida propia y descubre que esta la llena. Miguel la vuelve a admirar, la apoya y le comparte sus conocimientos en los negocios. Los hijos perciben la alegría de su madre y se sienten menos responsables de su felicidad, más libres de ser ellos mismos y de velar por sus propios intereses. Laura comienza a ganar dinero. Miguel disfruta a Laura realizándose y deja a su novia. Laura contribuye a las finanzas del hogar. Miguel le agarra gusto a la cocina, pues ambos encontraron un espacio los domingos para comunicarse entre ensaladas y copas de vino. Laura nunca vuelve a quejarse del abandono. Laura tiene un sentido de vida propio por primera vez. Miguel se reenamora de Laura. Laura de Miguel. Todo bien. El trabajo sana. El trabajo salva.

El trabajo te hace una mujer responsable. ¿Por qué? Por muchas razones, pero dos importantes son:

> *El mundo necesita mujeres contentas y también necesita la fuerza del trabajo femenino para no desmoronarse.*

El futuro de la economía nos necesita y, además, nos necesita plenas.

¿Más razones? Porque nos define. Porque nos llena. Porque nos conecta con la sociedad. Porque contribuimos a la evolución del planeta. Porque nos da una misión. Porque buscamos equidad de género. Porque nos da libertad. Porque nos genera satisfacción. Porque nos pone en el mapa. Porque ganar dinero se siente delicioso. Porque nos da voz. Porque nos realiza.

Lo que quisiera transmitir y lograr, con todo el cariño del mundo y respetando muchísimo las circunstancias de cada mujer, es sembrar la inquietud de que trabajar tiene todos estos beneficios y todos estos elementos positivos. El trabajo es una herramienta que, si nos falta, nos genera un vacío interno y si, por el contrario, gozamos de ella, nos empodera en todos sentidos. Trabajar, en resumen, potencializa nuestra mejor versión.

Respeto muchísimo a las mamás que no trabajan por convicción propia; sin embargo, por mi trayectoria, soy más afín a quienes tienen un propósito y una misión clara que las llena y las mantiene vivas, participando de manera activa en el engranaje que hace andar el mundo. También se necesita caridad, voluntariado, filantropía, beneficencia social, etcétera... Así que admiro y aplaudo dichas actividades que nos otorgan a todos la posibilidad de vivir en un lugar mejor. ¡Gracias!

Hablar de mujeres en el trabajo implica también hablar de nuestros hijos, pues la educación que hemos recibido por años se inclina a pensar en el género femenino como la gran, y muchas veces, única alternativa encargada de su crianza. Sí, ya saben de lo que hablo, esa horrenda encrucijada por la que atravesamos muchas mujeres que queremos experimentar la majestuosa experiencia de ser madres, mientras a la vez nos inundan unas enormes ganas de realizarnos profesionalmente... ¡Esperen! Esto suena a que fueran dos polos que se repelen y que se contradicen: o eres madre o eres profesionista...

Pero ¡por favor!, ¿en qué momento o de dónde quedamos incapacitadas al parir para continuar la persecución de nuestros más grandes anhelos? Más bien, son años de una conducta cultural sesgada que nos ha limitado a ser parte de la productividad del mundo, que dicho sea de paso, cojea de una pierna, pues está diseñada para utilizar ambos recursos, los de las mujeres y los de los hombres.

Desde mi visión, los hijos necesitan una mamá disponible, no una mamá omnipresente. Los propios jóvenes están pidiendo a gritos desplegar sus alas. Si un niño crece bajo el ejemplo de una madre que considera que el trabajo es exclusivo de los hombres, y que el cuidado de los hijos es el destino de una mujer, y que, además, el trabajo tiene connotaciones negativas, porque separa a la madre del padre, sin darse cuenta de que vive frustrada por no poder realizarse como persona, generará una desorientación brutal en el hijo. Vivir en un mundo globalizado, donde la información corre más rápido de lo que creemos y se está yendo hacia la equidad de género, hacia la igualdad y hacia las mujeres que trabajan, lo alejará de la realidad y lo limitará incluso a ser ese hombre libre, productivo y felizmente relacionado que debiera ser.

Ya hemos hablado antes sobre la felicidad de un hijo cuya madre trabajó o no lo hizo durante la infancia y la adolescencia de este; no influye, no determina. No es factor relevante en la felicidad de un ser humano. **Lo que es rotundo agente de felicidad en los hijos es vernos felices.**

Nos toca ser mujeres fuertes y valientes, porque no es fácil salir a trabajar para cumplir nuestros sueños después de haber hecho el desayuno para tres hijos, conversar sobre las noticias tomando café tempranero con el marido, ir a la oficina, recargarnos en nuestra madre para hacer la tarea de los niños correr a casa para disfrutar el poco tiempo que nos queda con ellos y todavía llegar a resolver algunos pendientes rezagados del día. Lo entiendo. Sin embargo, TODO SE PUEDE. ¡Creatividad, creatividad y más creatividad para lograrlo todo! Usándola, podremos descubrir buenas alternativas, tanto para ser más eficientes como para delegar más ayuda con los padres de nuestros hijos.

Que un hombre recargue toda la responsabilidad de los hijos en la madre habla más de la madre que del padre. Buscamos un cambio: estar más contentas. Replantear la ayuda en las labores domésticas con los hijos será vital para lograrlo. Siempre he tenido la ligera sospecha de que cuando una mujer y un hombre trabajan por igual, la mujer se cansa más. No sé por qué. A veces pienso que el simple hecho de ser madre mantiene en *on* un botón cerebral que consume más energía que el del hombre.

*La pócima mágica para ser madres que aportan un superpoder para contribuir al mundo, realizarnos y ser felices se llama* practicidad, *y para lograr el menjurje perfecto vamos a necesitar: creatividad, eficiencia y organización.*

## LA CREATIVIDAD, UN RECURSO INAGOTABLE

La creatividad es una de las capacidades más útiles que puede tener una mujer. Es fascinante, porque es otra de las buenas noticias que les traigo en este libro: la mujer creativa no nace, sino se hace. Es una capacidad que se puede aprender a tener y a incrementar. Es, una vez más, como un músculo que necesita ejercitarse para mantenerse grande, sano y fuerte. Imagínense lo valioso que es tener un recurso inagotable que nos sirve para imaginar, crear e inventar todo lo que necesitamos. ¡Es alucinante! ¡Ser buenas adaptando lo que hay en lo que necesitamos es de megacampeonas!

«Todo se puede», y esto significa es que todo es realizable, mejorable y solucionable. Siempre hay vías alternas para seguir acercándonos hacia nuestra estrella. Siempre. El tema es desarrollar la capacidad para inventarlas.

La creatividad, en su esencia, surge como un método de supervivencia y de alguna manera lo sigue siendo. Hoy, la creatividad no asegura nuestra vida, pero sí nuestro nivel de mejoría a través de ella. Nos pasa muy seguido que pensar en una persona creativa nos remite a aquella que puede pintar un maravilloso cuadro o que puede componer una linda canción.

*Se es creativo cuando de manera habitual se buscan soluciones a los problemas cotidianos, por más pequeños e irrelevantes que estos parezcan.*

Maya Angelou, autora, poeta, bailarina, actriz y cantante estadounidense, decía: «No puedes agotar la creatividad; mientras más la usas, más de ella tienes». ¡Es tan cierto! Somos las responsables de construir nuestra muy privada y personal fuente inagotable de inspiración e ideas, y saber que contamos con ella incondicionalmente para crear, resolver, innovar y transformar cualquier situación.

La creatividad es una gran aliada de la imaginación, o ese poder extraño que tenemos los seres humanos de visualizar el futuro. Es como ver por medio de una bola de cristal el cambio que queremos ver, para entonces poder trazar las rutas para alcanzarlo. Lo mismo para hacer un platillo con los tres ingredientes que hay en nuestro refri, para poder salvar una relación después de una gran decepción o para montar un negocio. Será un rasgo esencial que nos describa de ahora en adelante, así que ¡todas a estimularla, pero ya!

Algunas ideas que pueden ayudarlas a desarrollar al máximo su creatividad y a vivir inspiradas pueden ser las siguientes: Recuerden que nuestra memoria está diseñada para almacenar determinada cantidad y calidad de información; si se abusa de ella pensando que tiene la capacidad de almacenar todas las buenas ideas que se nos ocurren, créanme que se les van a terminar escapando. Les recomiendo que apunten todo lo que pasa por sus mentes creativas. Acostúmbrense a llevar con ustedes una libretita en la que puedan vaciar todo ese ingenio del que son dueñas. Malas o buenas, pero escriban todas las ideas. Un buen día se van a sorprender cuando recuperen aquella que en su momento no fue tan buena idea, pero meses después no sólo lo termina siendo, sino que ¡se convierte en el engranaje final de un proyecto!

Mi siguiente recomendación sería no confundir ser creativas con ser originales. De todo se ha hablado ya en esta vida y todo se ha hecho ya también. Bajémosle dos rayitas a nuestra pretensión de ser mujeres pioneras y descansemos sabiendo que no vamos a descubrir ningún tipo de hilo negro. No se trata de eso. De lo que se trata es de que utilicen su creatividad para hacerlas únicas, imprimiéndole su sello personal a lo ya existente. O sea, ¡nadie aquí tiene por qué romperse la cabeza!

¿Quieren otra superbuena llave para estimular la creatividad? Creen hábitos. Formar un hábito diario que ejercite nuestra creatividad, como destinar unos minutos al día a sumergirnos en nuestra libretita, (no sólo cuando se nos ocurra una idea, sino forzar a la mente a que se nos ocurran más), será muy valioso.

*La creatividad por lo general llega cuando estamos en movimiento y, entre más cosas hagamos, más creativas seremos.*

Como ya les había dicho, estar sentadas en un sofá comiendo palomitas, baja la probabilidad de tener buenas ideas. Muévanse, caminen, ejercítense, bailen, vayan, vengan, que el cuerpo y la mente siempre privilegiarán ser estimulados por distintos impulsos creativos que ser sedentario.

Por último, hablaría de mi consentido: todo se *pega*. Estar en contacto con gente creativa es garantía para desarrollar la nuestra, y no sólo me refiero a reunirnos con ellas, sino a leer, ver o escuchar contenido de calidad que amplíe todos nuestros horizontes.

## GUÍA PARA LOGRAR SER MUJERES EFICIENTES

Distingamos la diferencia entre *eficiencia* y *eficacia*, porque solemos confundirlas, así que aprovechemos para que quede claro, que aquí lo que buscamos es ser eficientes.

La eficacia es la capacidad de lograr lo que queremos y la eficiencia es la capacidad de lograr lo que queremos con el mínimo de recursos posibles o en el menor tiempo. ¿El menor tiempo posible? ¡Sí, por favor! El tiempo, este apreciadísimo bien del que todos gozamos y del que apuesto todos queremos más.

En términos de empoderamiento femenino, el tiempo es un gran aliado y debemos hacer buen uso de él, porque ya de por sí está mal repartido y mal valorado como para además andarlo perdiendo. Volvámoslo un mantra:

*Necesitamos ser mujeres eficientes y lograr nuestros objetivos con el menor esfuerzo y en el menor tiempo posible.*

¡Ojo!, no me refiero al tiempo que nos va a tomar prepararnos para adquirir un conocimiento o para dominar un tema o una habilidad, porque para ello nos vamos a apoyar en la constancia, la dedicación y la práctica profunda, pues ya sabemos que son cruciales para alcanzar un nivel máximo de excelencia en cualquier área. A lo que me refiero es a la distribución correcta de nuestro tiempo. Me voy a poner de ejemplo para darme a entender de manera clara.

Tenía que hacer una presentación para un cliente, según yo, «perfecta», cuyo contenido debía ser muy completo, la estructura estar muy bien pensada y el diseño visual muy atractivo. Me solía suceder que volteaba a ver el reloj y me daba cuenta de que habían pasado dos o tres horas, y yo seguía diseñando el marco de las láminas de mi presentación, eligiendo los colores que resaltaran mejor para lograr un alto impacto y así cerrar mi venta. Cuando comprendí que era mucho el tiempo dedicado a ello, y que mi cliente jamás le había puesto atención a los marcos de mis presentaciones o, si lo había hecho, no había repercutido en lo más mínimo en su decisión de contratarme o no, me comencé a volver más eficiente y a valorar muchísimo más cada hora de mi tiempo.

# Trabajo

Muchas mujeres fuertes y poderosas que nos anteceden han luchado para que ambos géneros tengamos las mismas oportunidades y los mismos derechos; sin embargo, se les olvidó pedirle al cosmos unas cuatro horitas más al día, ya que aún no hemos logrado que las labores domésticas se compartan de manera equitativa. Así que, mientras logramos ese ideal, nos toca poner especial atención en el cuidado de nuestro tiempo.

El reto es modificar nuestra percepción y bajarle a nuestro deseo de ser perfectas, y más bien entender que nos conviene más sacar la misma tarea con un menor grado de finura en un notable menor tiempo. La diferencia radica en que los detalles que perfeccionan una actividad pueden pasar desapercibidos y se puede prescindir de ellos para lograr el mismo objetivo, pero los minutos que invertimos perfeccionando algo no pasan inadvertidos en nuestro día y son irremplazables. Y en la balanza pesa más el tiempo que la perfección. ¿No creen?

Hablábamos hace rato de que nos gusta jactarnos de nuestra capacidad de hacerlo todo al mismo tiempo. Y sí, podemos ir al súper empujando ese carrito entre los pasillos, al tiempo en que vamos eligiendo la comida, hablando por teléfono con nuestro jefe, dándole papilla al bebé y analizando las calorías que tiene cada producto... Sé que podemos. Sé que han pensado que es práctico... Pero no es práctico, ni productivo, ni eficiente.

Hemos creído, de manera equivocada, que este es un talento femenino, pero muchos estudios del cerebro, específicamente de la productividad y la eficiencia, arrojan que cualquier ser humano, sea mujer u hombre, sólo es capaz de destinar toda su concentración a una tarea a la vez. En la medida en que dupliquemos, tripliquemos o cuadripliquemos las tareas y pretendamos hacerlas de manera simultánea, la concentración va a disminuir y acabaremos malogrando los cometidos. Nuestro cerebro funciona como el disco duro de una computadora que, entre más ventanas abiertas tenga, más lenta se vuelve, al grado de que puede llegar a tronar.

Estamos diseñados para atacar una tarea a la vez y oponerse a esto sólo nos aleja de la eficiencia, así que, por fa', tomen nota.

Optimicen y se darán cuenta de que el resultado es igual de bueno, pero su día gana unos sagrados minutos más para depositarlos en otras cosas que nos hacen felices, como familia, pareja, amigos, hijos, ejercicio, apapacho, etcétera.

Esto se relaciona con tener claras nuestras prioridades en cada circunstancia o época de nuestra vida. Hay momentos en los que se requiere una inversión más grande de tiempo, pues estamos, por ejemplo, levantando un nuevo negocio, o acabamos de ser madres y nuestro bebé demanda mucha atención y horas, o quizá hemos entrado en una etapa en la que buscamos aprender una nueva habilidad, la cual requiere tiempo para su práctica. Priorizar será crítico, pero será indispensable dejar en el olvido aquella noción de que ser mujeres multitarea nos hace mejores. Se es mejor y más eficiente cuando nos concentramos en una actividad, una por una, paso a paso, poniendo toda nuestra atención y entrega en terminar cada tarea. Se es una mujer eficiente cuando se entiende lo conveniente que esto es para ser mujeres productivas y equilibradas que no se topan con frustraciones porque saben ponderar las cosas.

Recapitulemos, pues, es infalible la fórmula: **entre menos exigentes seamos con nosotras mismas y seamos más capaces de aceptar las cosas tal cual son, es decir, con todo y sus**

**imperfecciones como parte natural de nuestra existencia, más tranquilas estaremos.** Es simple, ¿no?

Les dejo algunos consejos para volverse más eficientes en su día a día:

 Respondan correos una vez al día. Perdemos mucho tiempo abriéndolos cada vez que llega uno. Nada es urgente. Destinen un espacio para esa actividad y no se levanten hasta terminar.

 No vean redes sociales. ¿Buscan tiempo? No lo pierdan voluntariamente. El tiempo es oro, y la adicción al celular será nuestro peor enemigo. Definan horarios y cúmplanlos. Sean disciplinadas, porque de lo contrario será complicado ser eficientes.

 Prioricen los pendientes. Hagan rutinas. Enfóquense en lo importante, identificando cuál de sus actividades produce más resultados. Vuélvanse unas expertas en decir NO y aprendan a delegar. Y si es necesario, hagan una sola cosa al día en la dirección de lo que aman, pero lógrenla.

## • UN MÉTODO PARA LOGRAR TODO LO QUE TE PROPONES

La organización es una de mis herramientas consentidas para tener más tiempo y destinarlo a las cosas que más me gustan.

Les propongo un método de organización para lograr nuestros objetivos: agendando nuestra vida.

*Lo primero que tenemos que hacer es saber cuál es nuestro sueño, propósito o deseo.*

Una vez claro, el siguiente paso será convertirlo en un objetivo específico realizable y medible; es decir, en lugar de pensar: «Quiero ser exitosa en mi heladería», busquemos tener la capacidad de convertirlo en un objetivo mucho más concreto y definido, que verdaderamente sea factible realizar, y que se pueda evaluar al compararlo con el antes y el después para entender sus resultados. De tal manera que en lugar de decir: «Quiero ser exitosa en mi heladería», diremos: «Quiero vender diez litros de helado diarios». Así es como tendremos metas claras y un plan a seguir con mucho orden, un principio y un fin, lo cual vuelve el objetivo más viable y fácil de lograr.

Las mujeres organizadas tenemos mapas con rutas estratégicamente trazadas. Desde luego que se puede llegar a un mismo destino sin mapa, pero la probabilidad de perdernos en el camino es muy alta, además de que existe la posibilidad de nunca llegar. Es como querer subir de la planta baja hasta el piso nueve de un edificio: paso a paso, escalón por escalón, de veinte centímetros en veinte centímetros, nivel por nivel, seguramente llegaremos al piso nueve. Podríamos también escalar, trepar, incluso brincar, pero sería más difícil subir. Cuando hemos transformado el sueño en objetivo, tenemos que destinarle acciones a seguir y a cada acción, determinadas tareas. Todo con planos y con estrategia.

Creo fielmente en las rutinas diarias y por eso diseñé mi propio método que me ayuda a lograr todo lo que me propongo. Y cuando digo todo, me refiero a que lo mismo sirve para emprender un negocio, para bajar de peso, o para tener una mejor relación con mi pareja. Ustedes pueden diseñar el suyo o bien, a continuación les comparto el mío, que ya tengo probado y funciona impecablemente.

MÉTODO
## Plan de acción

---

- *Deseo:* *vender más helados en mi heladería este año.*
- **Convertido a objetivo específico, realizable y medible:** vender 10 litros diarios.
- **Tres acciones para lograr mi objetivo:**
    1) Vender en eventos a domicilio.
    2) Vender helado a un restaurantes.
    3) Comunicar en redes.
- **Tres tareas para cada una de mis acciones:**
    1. Vender en eventos a domicilio:
        A) Mandar correos a amigas.
        B) Ofrecer mi servicio en banquetes.
        C) Construir un carrito de helados.
    2. Vender helado a restaurantes:
        A) Hacer lista de restaurantes.
        B) Hacer cita con los dueños.
        C) Crear un envase de cinco litros.
    3. Comunicar en redes:
        A) Hacer diseño de *banners*.
        B) Crear un *hashtag*.
        C) Postear una vez al día.

Esa es la base de mi método de organización. Se puede aplicar para el objetivo del año, el del mes, el de la semana o el del día. Créanme que si ustedes se ponen como objetivo lograr tres acciones en un día, que formen parte de nuestro plan maestro, serán mujeres ultraproductivas y verán que logran sus objetivos aceleradamente.

¡Ojo! Suenan poquitas tres acciones, pero es un mundo de trabajo. Recuerden a Mark Twain y su rana mañanera: hagan primero lo que menos les gusta, lo más difícil, lo que más trabajo les cueste.

Es un método muy divertido y muy personal en el que, de alguna manera, se fomenta la disciplina en una misma, tanto mental como física. Necesitamos de grandes dosis de disciplina para que después se vuelvan hábitos.

## Casas organizadas

Una vez que tenemos una mente mucho más ordenada y más organizada, podremos entonces extenderla y salir de nosotras para ir a nuestro entorno más cercano y más primario: nuestra casa.

La casa la entendemos hoy como un lugar de resguardo, de descanso, de convivio y de almacenamiento. La casa por lo general es un trabajo extra en la vida de una mujer. ¿Mi propuesta? ¡Que no lo sea! Propongo que transformemos nuestras casas para que sean casi templos sagrados que nos rindan culto. Volverlas un entorno de seguridad, de confort y de paz. Verlas como un ecosistema que nos define. Les puedo asegurar que son mujeres que buscan aligerarse y les aseguro que transformar la casa contribuye de manera importante.

Una casa ordenada y organizada nos ayuda a ahorrar infinito tiempo, esfuerzo y ¡hasta dinero! Es increíble, pero si sabemos dónde están guardadas cada una de nuestras pertenencias, no perderemos tiempo buscándolas. Si sabemos lo que tenemos, sabremos lo que nos falta. Díganme, por favor, si no les ha pasado esto: compran algo en el súper creyendo que no lo tienen y, al llegar a casa a guardarlo, se dan cuenta de que sí lo tenían, aunque eso sí, ¡bien escondidito!

No se imaginan la cantidad de horas y empeño que podemos ahorrar al ordenar, escombrar o hacer el famoso *quehacer* de la casa si somos mujeres ordenadas. ¿Saben qué hago yo? Ordeno mi casa sólo una vez al año. ¿Cómo? Es muy sencillo. Destino una semana a ordenarla como quiero que se mantenga durante todo el año. Le otorgo un lugar específico a cada objeto, guardo todos los objetos de la misma categoría juntos (por ejemplo: todas la pilas, en un mismo cajón; todos los lápices, en un mismo lugar; todas las tijeras, en otro) y me comprometo a mantenerlos así, guardándolos de regreso en su sagrado lugar cada vez que los uso. Esto lo comparto con mi familia, les explico la dinámica, las reglas y listo. Para mí es un deleite ver mi casa ordenada y, así, a lo único que tenemos que destinar tiempo diariamente es a la limpieza general.

Vivir en un espacio bonito, que nos guste y diseñado para que nos recuerde lo mucho que nos queremos será un gran placer que las invito a gozar. Adoro el principio budista que dice: «Como es adentro, es afuera». Mente, casa, vida. ¿No les parece?

Cuando nuestras casas funcionan de manera ordenada, pasa también algo extraordinario: la casa puede fungir como espacio de trabajo. Tomar la decisión de emprender y perseguir nuestro sueño por lo general viene acompañado de ser muy cuidadosas con los recursos, y trabajar desde casa se convierte en una magnífica opción, siempre y cuando sepamos distinguir las notas de la tintorería ¡de las notas de remisión!

La tecnología vino a abrazar a las mujeres. Nunca antes se había contemplado la posibilidad de trabajar desde casa y hoy es más común de lo que se imaginan. Ya sea que trabajen en casa o no, aliémonos con ella para que nos ayude a ser más organizadas y más prácticas. A mi casa la llamo *El Corporativo*, porque en el comedor se come, pero también se genera contenido; en la sala se juega, pero también se tienen juntas; en mi cocina se hace la comida, pero también se cocinan proyectos; y en mi estudio se cose, pero también se hacen planes de negocios.

Entonces, lo que estamos buscando es tener menos trabajo en la casa para tener más tiempo que dedicarle a lo que más nos gusta, mi consejo es destinar una buena semana a ordenarla, a desechar todos los objetos que no utilizamos como principio de fluidez que genera abundancia, que deja entrar lo nuevo y deja salir lo innecesario, a guardar bien lo que vamos a conservar y a otorgarle una *casa* a cada uno de los objetos que vamos a conservar, para tener claridad de su ubicación y su función.

Destinemos el tiempo necesario para conversar con la familia y compartir este nuevo modelo que no sólo va a ser nuestro, sino de todos; así que hagamos una buena labor de convencimiento para que valoren, cooperen y, desde luego, para que también lo disfruten. Siéntanse las reinas del hogar y las mandamás, para que todo mundo jale parejo en el proyecto. Es un ecosistema para todos.

Empiecen haciéndolo cada mes si es necesario; después, cada tres, cada seis, hasta llegar a una vez al año. De esta manera se comienzan a generar hábitos positivos que harán un cambio muy favorable en nuestras vidas.

Esto, por supuesto, es un camino a ser mujeres más disciplinadas, lo cual nos ayuda en todas las áreas de nuestra vida, nos va a mantener motivadas y nos va a generar mucha paz.

## ¡A brillar!

 El trabajo es identidad: no sólo es una herramienta para la independencia económica, sino también una de realización personal.

 Trabajar potencializa nuestra mejor versión.

Usa tu creatividad para buscar soluciones a los problemas cotidianos, por más pequeños e irrelevantes que estos parezcan.

 Muévete, camina, ejercítate, baila: el cuerpo y la mente privilegiarán ser estimulados por distintos impulsos para dar lugar a la creatividad.

 No se es mejor por tener la capacidad de hacer muchas cosas a la vez; se es más eficiente concentrándose en una actividad a la vez.

 Transforma tu sueño en objetivo, a este destínale acciones a seguir y, a cada acción, tareas determinadas. Todo con planos y estrategia.

 Mantén tu casa en orden: es un hábito que generará un cambio muy favorable en tu vida.

# Transforma tus hábitos para alcanzarlo

## • ¿QUÉ ES EL ÉXITO?

 odas estarán de acuerdo conmigo en que, si hablamos de éxito, los primeros conceptos que nos vienen a la mente son dinero, poder, estatus o fama.

En estos tiempos, la definición de éxito se ha encogido al grado de englobar únicamente estos criterios, pero yo me atrevería a meter ambas manos al fuego para defender que no, que eso no implica ser personas exitosas.

La palabra *éxito* viene del latín *exitus*, que significa 'salida', y en el diccionario se define como el «resultado satisfactorio de una tarea o la consecuencia acertada de una acción en la que se "sobresale"». Sin embargo, sobresalir nos remite a competir y a ser mejor que los demás, y me parece que ahí se origina el malentendido y la tergiversación de este bonito y satisfactorio sentimiento, cuya importancia real radica en que puede pasar inadvertido para los demás, sin que esto modifique nuestro nivel de éxito, pues en realidad es cien por ciento subjetivo.

*La definición de éxito es*
*mucho más simple de lo que creemos;*
*es proponernos algo y conseguirlo.*

No es ser ricas, no es ser poderosas, no es ser reconocidas, no es ser famosas. Ahora que si lo que alguien se propone es ser rica y lo consigue, entonces será exitosa, como lo será la que se propone vivir con el menor dinero posible y lo logra. Cada quien tiene su propia definición de éxito y, como cada cabeza es un mundo, las historias de éxito no pueden generalizarse.

Para medir las cosas necesitamos compararlas con un referente, y un error garrafal que muchas solemos cometer es medir nuestro éxito comparándolo con el de la de al lado. Con un ejemplo personal y muy claro lo entenderemos mejor: yo puedo sentirme exitosa por haber publicado este libro, porque logré lo que me propuse, o puedo también sentir que me falta mucho para alcanzar el éxito, porque mi referente al respecto es una autora que ha publicado 12 libros. ¡Uff! Es tan típico y tan dañino como no se imaginan.

Si quieren vivir en paz y disfrutar la vida, la única manera en la que pueden medir su éxito es comparándolo con otro referente, **pero que sea propio.** Es decir, soy exitosa porque este año me propuse un reto más grande que el año pasado y lo logré. El alto de la vara lo ponen ustedes y nadie más.

# Éxito

La naturaleza del logro tampoco es relevante para dimensionar nuestros éxitos. Nadie, ni siquiera nosotras mismas, podemos ni debemos juzgar los propósitos; ni los nuestros, ni los ajenos; y mucho menos si los hemos alcanzado con éxito.

Eugenia es exitosa porque se propuso salvar un perro callejero al mes y lleva tres años haciéndolo con éxito. ¿Alguien va a dictaminar si la calidad del éxito de Eugenia es alto o bajo? Nadie. Eugenia es exitosa.

Si nos proponemos que no se nos rompa la yema de un huevo al freírlo y lo logramos, somos igual de exitosas que si nos proponemos conquistar a un hombre, beber menos o tener las defensas altas en invierno, y lo logramos.

¿Queremos ser exitosas? Logremos lo que nos propongamos y punto. ¿Queremos ser más exitosas? Propongámonos cosas logrables para tocar el éxito más frecuentemente. ¿Queremos ser aún más exitosas? Adoptemos una cultura personal de lograr metas cotidianamente.

*¿Queremos ser superexitosas? Incrementen poquito a poquito el nivel del reto, estiren la liga paso a pasito, subiendo el volumen de una manera casi imperceptible, pero muy constante.*

¿Va quedando claro que el éxito es mucho más amplio que limitarnos a concebirlo como esa búsqueda de acumulación de riqueza o cacería de poder? Espero que sí, porque deben saber algo primordial: cuando dejamos de pensar en el dinero como fin último y motor de vida, cosas fascinantes suceden.

No soy ninguna autoridad para afirmar que el dinero, el poder y el estatus no son la definición del éxito, porque nunca he acumulado riqueza ni he sido famosa, y el máximo poder que ejerzo es cuando me convierto en madre sargento y de manera autoritaria obligo a mi hijo a meterse a bañar. Sin embargo, sé de lo que hablo, porque la terquedad de mi escepticismo para afirmar que el éxito es un lugar al final del camino, donde hay una olla llena de monedas de oro, con luz de poder, estrellas de fama y gente aplaudiéndome, me llevó a entrevistar a varios empresarios poderosos y millonarios, a quienes les pregunté qué es el éxito y cómo se logra. Por ahora, sólo les diría (a reserva de que escriba otro libro de todas esas maravillosas entrevistas que un día me gustaría compartir) que el común denominador en sus respuestas es: «El éxito es disfrutar con equilibrio el camino hacia lograr tus objetivos y se logra con certeza de lo que quieres, perseverancia, tenacidad y disciplina».

Ya me lo temía, ya lo sospechaba, pero no me quise quedar con la duda para poder dormir tranquila. ¡Disfrutar el camino!, ¡disfrutar el camino!, ¡disfrutar el camino! Confirmado mi presentimiento.

Aproveché también para hablar de dinero y preguntarles si consideraban que su acumulación de riqueza era proporcional a su nivel de felicidad y había hecho la diferencia. ¿La buena noticia? El cien por ciento contestó que no. ¡Fiu!

Pero hay algo más que, desde mi perspectiva, es lo más rescatable y atesorable del asunto: casi todos se dieron cuenta, con el camino ya bastante avanzado, que lo que perseguían no existía, que la famosa olla era un espejismo que los mantenía siempre persiguiéndola, aunque fuera inalcanzable. Es decir, la ambición puede jamás parar y eso es, para todos, el aprendizaje más importante: «No pretendan llegar al destino del camino del éxito, porque no existe tal». Utilicen esta información para alcanzar el éxito de otra manera; por ejemplo, viviendo una vida equilibrada». Valiosa advertencia, ¿no creen? Gracias, queridos tiburones.

## • EQUILIBRIO: NO POR MUCHO MADRUGAR AMANECE MÁS TEMPRANO

Déjenme contarles un cuento:

Un hombre rico, empresario, bien vestido, de ropas caras y talante derrochador, iba paseando en su lujoso yate para anclar en un puerto hermoso cuando se encuentra con un modesto pescador. El pescador trabajaba con sus redes desde su pequeña barca, donde tenía una cubeta llena de pescados recién sacados del agua.

El millonario empresario le dijo:

—Óigame, ¡usted tiene mucha maña! ¡Parece un pescador muy bueno! Usted solo y con esa pequeña barca ha pescado muchos peces. ¿Cuánto tiempo le dedica a la pesca?

El pescador respondió:

—Pues, mire usted, yo la verdad es que nunca me levanto antes de las 8:30. Desayuno con mi familia, acompaño a mis hijos a su escuela, luego camino tranquilamente leyendo el periódico, hasta el puerto donde tomo mi barca para ir a pescar, estoy una hora u hora y media, cuando mucho, y vuelvo con los pescados que necesito para alimentarnos en casa. Preparamos la comida y paso la tarde reposando hasta que vienen mis hijos y disfrutamos haciendo juntos los deberes, para después pasear y jugar en la playa. Algunas tardes las paso con mis amigos, tocando la guitarra.

—Entonces, ¿me está diciendo que en sólo una hora ha pescado todos esos peces? ¡Es un pescador extraordinario! ¿Ha pensado en dedicar más horas al día a la pesca?

—¿Para qué?

—Pues porque si invirtiera más tiempo en pescar, ocho horas, por ejemplo, tendría ocho veces más capturas y así, ¡más dinero!

—¿Para qué?

—Pues, con más dinero, podría invertir en una barca más grande o, incluso, contratar a pescadores que trabajen con usted, y así tener más pesca.

—¿Para qué?

—Pues, con ese incremento de facturación, ¡su beneficio neto seguro sería envidiable! Su flujo de efectivo sería el propicio para llegar a tener una pequeña flota de barcos, y así hacer crecer una empresa de pesqueros que lo harían muy, muy rico.

—¿Para qué?

—Pero ¿no lo entiende? Con ese pequeño imperio de pesca, usted sólo se tendría que preocupar por gestionarlo todo. Tendría todo el tiempo del mundo para hacer lo que le viniera en gana. No tendría que madrugar nunca más, podría desayunar todos los días con su familia, podría acompañar a los niños a la escuela, jugar con ellos por la tarde en la playa, contemplando este hermoso mar, pescar una hora al día y tocar la guitarra con sus amigos...

Amo ese cuentito porque, ¡ay!, ¡cómo da vueltas la vida! Se los cuento para resaltar el cuidado que debemos tener cuando los esplendores del trabajo nos hacen perder de vista su sentido real, el peso y la importancia de las cosas que nos hacen felices.

Ahí está la inteligencia y la agudeza para tener, desde ahorita, la claridad de arrancar una vida muy plena, pero muy equilibrada, porque una puede desviar la mirada de la meta con facilidad. De pronto, el trabajo puede llegar a ser tan satisfactorio, tan apasionante y tan excitante que nubla nuestra visión y nuestro propósito, haciéndonos perder el balance que tanto hemos promovido.

Todas buscamos crecer, desarrollarnos, ser la mejor versión que podamos ser, vivir en paz, amar y ser amadas. Todas queremos ser una gran pareja, una excelente madre, una incondicional amiga, una entrañable hija, una solidaria hermana, una exitosa profesionista, una generosa persona, un alma sana, una guapa mujer... Es momento de que respiren profundo y con una sonrisa reciban la llave que abre la puerta a este paraíso: **equilibrio,** el tan anhelado estado de balance entre las cosas que no permite que ninguna de ellas prevalezca sobre las otras o, como dicen: «Ni tanto que queme al santo, ni tanto que no lo alumbre».

Tener la capacidad de dedicarle la concentración necesaria a cada una de las actividades que forman parte de nuestro todo, y entregarnos en cuerpo y alma a cada una de ellas, es éxito garantizado. Queremos tener tiempo para otorgárselo a las cosas que más nos gusta hacer y por eso siempre me repito la frase: «Haz más de lo que más te gusta».

## • PERO ¿Y LA INDEPENDENCIA ECONÓMICA?

Detengámonos a reflexionar sobre el papel que juega el dinero desde distintos ángulos. Más que hablar de dinero, prefiero hablar de prosperidad; ese curso favorable de las cosas que tiene que ver con progreso y con calidad de vida y que, enfocado al tema económico, se entiende como el bienestar material que nos permite vivir libres de preocupaciones financieras.

*La prosperidad es la que nos permite enfocarnos en las cosas más trascendentes de la vida.*

Las mujeres con estrella tenemos que tener muy claro cómo nos vamos a relacionar con el dinero y cómo podemos tener la prosperidad que nos permita realizarnos como personas con un sentido de vida. Veamos, por un lado, el dinero como un bien que llega cuando estamos empoderadas, no que empodera, y por el otro, que nunca debe faltarnos, porque será un aliado indispensable para ser mujeres que caminamos con paso firme hacia nuestra estrella.

Quiero que se sientan seguras, armadas y en control, y el dinero debe servirles para ello. Mi interés primordial es que asimilemos que de ninguna manera debemos convertirlo en el motor por el cual trabajamos, ni la razón por la que perseguimos sueños, ni la definición de nuestro éxito. Al evitar esto, pasa algo fabuloso: nos liberamos, y la fuerza propulsora que nos dan los otros motivos para ofrecer nuestros superpoderes al mundo será la que genere el dinero que necesitamos.

Aquel estudio fascinante del que les hablaba anteriormente que fue hecho en la Universidad de Oxford por Benjamin Todd y William MacAskill, dos jóvenes que, desde 2011, tienen la misión de descifrar cómo los estudiantes pueden tomar mejores decisiones para lograr un mayor impacto social, eligiendo correctamente sus carreras, expone varias investigaciones sobre la relación entre el dinero y la felicidad.

Me encanta leerlo y releerlo porque confirma, una vez más, eso de lo que hablaban mis tiburones: el dinero no hace la felicidad, sólo ayuda un poquito. O como habría dicho nuestra querida María Félix con su peculiar ácido humor: el dinero no da la felicidad pero, ¡ah, cómo calma los nervios! El estudio muestra cómo la curva de la felicidad relacionada con el dinero va aumentando cuando se pasa de tener nada a tener lo indispensable para vivir sin preocupaciones económicas. Una vez sobrepasado este punto, la curva baja drásticamente en la relación dinero-felicidad, lo que indica que más dinero no es factor determinante para hacer a las personas más felices.

Quedémonos con que lo necesitamos para tomar decisiones y para dirigir nuestro rumbo. Ahora bien, si podemos desarrollar una mentalidad de abundancia y abandonar la mentalidad de escasez ¡cuánto mejor! ¡Pero eso es bien fácil! ¿Quieren en este mismo instante cambiar su mentalidad a una de abundancia? Recuerden que casi la mitad del mundo vive con 2.5 dólares diarios, según cifras del Grupo del Banco Mundial. La abundancia empieza apreciando todo lo que tenemos ahora. Tenemos un techo bajo el cual vivir, agua que tomar, ropa que vestir, comida que comer. Si lo agradecemos, vamos a tener más. Si, en cambio, nos concentramos en lo que no tenemos, jamás tendremos suficiente.

*Para transformar nuestra mentalidad sobre el dinero hay que valorarlo, hay que respetarlo y hay que cuidarlo.*

El dinero se cuida de muchas maneras. Cada quien lo gasta como le gusta, pero debemos entender que unos caminos son mejores que otros para gastarlo. El dinero, en lo deseable, debería ser para la educación de los hijos, la salud (comida, ejercicio, medicina preventiva, medicamentos y doctores), para ayudar a los demás, para divertirse, y para hacer más.

Quizá sea un buen momento para reflexionar sobre lo poco congruente que tiene ser mujeres empoderadas cambiando el mundo y ser mujeres consumistas o derrochadoras. Para cuidar el dinero, ese que será nuestro aliado para lograr sueños, será importante no desear lujos ni caer en la ostentación ni en la opulencia. Prohibido ser avaras, pues denota nuestra codependencia con el dinero.

En nuestra relación con el dinero debemos:

- Aprender a negociar.
- Ser mujeres organizadas.
- Reusar.
- Reciclar.

Tener ambiciones pequeñas.

 Hacer presupuestos.

 Ser creativas.

 No gastar más de lo que se gana.

 Hacer acuerdos con los nuestros para no sentirnos solas en el cuidado del dinero.

 Investigar sobre estrategias para ahorrarlo.

 Cuando se sienta que falta el dinero, hay que donar, ser generosas, porque eso crea una realidad más abundante.

 El dinero es genial, pero si nos pasamos de la raya enfocándonos en él, perderemos muchas cosas, como la habilidad de divertirnos generándolo.

Con frecuencia queremos pasar al siguiente nivel: «Ya tengo esto, ¿qué sigue?», «Ya gano esto otro, ¿cuánto más puedo ganar?»… Es normal, como lo es también ser nosotras mismas las que nos metemos el pie para detener ese progreso, basándonos en creencias que sólo estorban; por ejemplo: «Soy mala para la lana», o «No tengo vena de negocio», o «Soy pésima con los números». ¿Quién nos limita a pertenecer a una cultura del esfuerzo y del buen uso del dinero?

Si creemos que somos malas con el dinero, seremos malas con el dinero, porque como dicen, uno crea lo que cree, y es real. Basta tener curiosidad para dejar atrás la ignorancia y un poco de entusiasmo para despedir nuestra incompetencia financiera. Todo se puede. Nadie va a cuidar nuestro dinero ni mucho menos vivirá con frenesí de darnos más. Cada quien vela por sus propios intereses. Nunca vamos a prender el botón de nuestro máximo potencial si recargamos en alguien más nuestros temas económicos. Pongamos mucha atención en nuestro dinero. Y, finalmente, valúense bien y alto. Si no nos valuamos bien nosotras, alguien más lo hará y muy probablemente más bajo de lo que valemos. ¡Cobren mucho!

## ENTONCES, ¿CÓMO SE LOGRA EL ÉXITO?

El motor que impulsa mi trabajo es verlas transformarse. Este libro está diseñado para ayudarlas a empoderarse y a inspirarlas por medio de distintas herramientas para vivir en un mundo de automotivación, muy determinadas y contentas; por ello, este libro funciona como lo hace una medicina: podemos tener el padecimiento en el cuerpo y la medicina en la mesa, pero, para que haya una cura, la medicina debe ser introducida al cuerpo para que desempeñe su función. Las medicinas sólo son eficaces cuando se ingieren.

La concepción de este libro y su verdadera finalidad, donde surte efecto, es dentro de sus entrañas. Sí. Este libro se come, se ingiere, se toma, se inyecta o como lo quieran decir, pero la idea es que viva bien, bien dentro de ustedes.

Créanme que si hubiera una pócima mágica infalible para empoderarnos, vendría en los anexos, pero no la hay. La capacidad para integrar la confianza y la autoestima como herramientas esenciales en su vida está en sus manos y se llama deseo. Sólo deseando las cosas podemos incorporarlas a nuestra nueva yo.

Sin embargo, hay un camino más corto para cerrar el libro y ser más exitosas por el simple hecho de lograr todo lo que este sugiere, y se llama *crear hábitos*.

«Toda nuestra vida no es más que un conjunto de hábitos», decía el filósofo estadounidense William James hace más de un siglo.

Bien podríamos pensar que la vida está compuesta por decisiones que surgen a partir de reflexiones y pensamientos sobre lo que nos pasa... pero la verdad es que no. La mayor parte de las decisiones que tomamos en el día son hábitos. Incluso, la Universidad Duke confirma, después de un estudio publicado en 2006 sobre el tema, que cuarenta por ciento de las acciones que hacemos las personas en el día no son decisiones que tomamos en el instante, sino hábitos. La manera en la que despertamos, el desayuno que comemos, la comida que hay en nuestro refri, la atención que le damos a los demás, el dinero que gastamos, la manera en la que nos organizamos, la actitud con la que enfrentamos al jefe, la carita que le ponemos al marido, el tiempo que le dedicamos a las cosas... ¡todos son hábitos! Cada uno por separado con pinta de intrascendencia. Pequeñas y aisladas rutinas que podrían pasar desapercibidas toda una vida, pues, ¿quién podría otorgarle algún tipo de relevancia fuera de lo común a determinadas acciones que pareciera que no afectan nuestra vida desde ningún ángulo, como dormirnos con la tele prendida, levantarle la voz a los hijos o incluso fumar?

A la hora de juntar todos los hábitos de los que estamos hechas, se comienza a construir una personalidad que sí es trascendente. Los hábitos se han estudiado por décadas, y la conclusión a la que han llegado los científicos más prominentes en el tema —como la profesora de la cátedra Lewis and Virginia Eaton de Psicología social en la Universidad Stanford, Carol S. Dweck, o Charles Duhigg, autor y periodista graduado de Yale y Harvard, quien ha recopilado información valiosísima al respecto— es que nuestros cerebros están diseñados para buscar la manera de ahorrar esfuerzo y así mantenernos ágiles y eficientes para las labores que más trabajo le cuestan, activando el *modo automático* en las tareas que ya no requieren un empeño especial. El cerebro tiende a destinar su energía a lo que le demanda destreza y por ello, convierte en hábitos las conductas básicas que le permiten descanso en el pensar.

Nuestro cerebro tratará de mudar lo que más pueda a su área de rutinas. ¿Y les digo algo? Si queremos empoderarnos, tenemos que entender cómo lo hace, para entonces intervenir y, ahora sí, diseñar, con toda la amplitud de la palabra, nuestro propio destino, evitando que quede en manos de lo que dictan los cánones de la sociedad o en los de la operación sistemática de nuestro adorable cerebro.

Charles Duhigg lo explica de manera clara: hay un detonante que le avisa al cerebro que puede ponerse en *modo automático* por medio de determinada rutina y que al término de esta, habrá una recompensa. Así de simple. Estímulo, rutina, resultado. Fácil, ¿no? ¡No! Más bien complejísimo. Todas tenemos el deseo de ser mejores por medio de la transformación personal y todas también estaremos de acuerdo en que no es tan simple. El manejo de hábitos del que estamos hechas puede ser nuestro mejor amigo o nuestro enemigo más latoso.

## Los hábitos tienen un poder inmenso sobre nosotras.

Neta, ¿por qué no asignan un capítulo en los libros de texto de primaria para hablar de los hábitos? Deberían de transmitir la importancia que tiene en la vida de las personas entender que podemos cambiarlos a nuestro antojo, y también que se pueden formar de dos maneras: sin darnos cuenta, o conscientes de su poder y de su impacto positivo en nuestra realidad diaria.

Los cambios positivos más impresionantes en la vida de las personas, esos dignos de ser ejemplo para muchos, como la señora de ciento cincuenta kilos, fumadora, adicta al juego y depresiva que hoy es maratonista y gana medallas por donde pasa, se forjan. Estos son como bolas de nieve que forman avalanchas. Todo comienza con una ramita minúscula que cayó en la punta de una montaña, y termina por desencadenar aquella legendaria avalancha que acabó con un pueblo entero.

La señora dejó de fumar, por ello se sintió mejor y pudo moverse más, y moverse más la hizo sentir mejor, pues generaba las endorfinas que había olvidado por años producir, mismas que la impulsaron a cambiar su dieta, lo que la motivó a bajar de peso, ayudándola a estar más bonita, lo que contribuyó al crecimiento de su autoestima, que le permitió construir confianza, esa que la hizo ganar maratones.

Lo mismo pasa para el otro lado. Para el lado negativo. La señora que recibía críticas sin cesar perdió su autoestima, generando desconfianza en sí misma, perdiendo el apetito por la vida, depositando su tristeza en los casinos que la incitaban a fumar, lo que disminuyó de manera considerable su capacidad corporal para estar sana, por lo que subió de peso al modificar su dieta para satisfacer su hambre voraz, lo que la llevó a una profunda depresión.

Son los ejemplos más extremos que puedo darles, pero también los más claros de cómo nuestra transformación va a tener que ver con decisiones pequeñas (no fáciles) que irán detonando, a su vez, otras decisiones favorables. Un precioso círculo virtuoso.

Queremos que los hábitos nos pidan permiso para llegar a instalarse en nuestro cómodo y apasionante cerebro, no que abran la puerta como Pedro por su casa y pasen sin consultar si queremos que formen parte de nuestra vida o no. Para ello tenemos que hacer dos cosas:

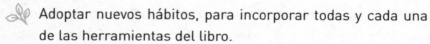

- Adoptar nuevos hábitos, para incorporar todas y cada una de las herramientas del libro.
- Modificar viejos hábitos: que nos distraen de nuestros objetivos, nos alejan del cambio que queremos hacer en el mundo.

Podemos asumir que todas aquí queremos mejorar. Lo que sigue es volverlo una actividad cotidiana, y para ello buscar nuestros propios detonantes y premiar nuestras rutinas. Porque sí, funcionamos con recompensas a nuestras acciones, tal y como lo dijo Pavlov, el premio Nobel ruso que estudió a fondo el reflejo condicionado con perros para afirmar que los humanos funcionamos con comportamientos no conscientes ante distintos estímulos y que estos pueden modificarse.

Tenemos que desarrollar esa cualidad fascinante de vivir conscientes de lo que nos sucede, para entonces poder volvernos expertas al detectar los detonantes que nos impulsan a hacer las cosas y los resultados que nos gusta sentir al hacerlas.

Si, por ejemplo, queremos adoptar el hábito de hacer ejercicio, tenemos que identificar el resultado que buscamos, el que nos haga sentir bien. Este puede ser estar fuerte, perder peso, sentirme vigorizada, verme más joven, etcétera, lo que a cada una la haga sentir bien. Después, identificar los detonantes o las señales que nos recuerden que la rutina que estamos a punto de realizar es el canal o el puente para llegar a experimentar esa sensación; por ejemplo, ponernos la ropa deportiva, poner una bicicleta en el cuarto o tomarnos un jugo verde en las mañanas. Algo que nos recuerde las recompensas que obtendremos al habituarnos a la actividad.

*Si queremos obtener un nuevo hábito de respeto, resiliencia o gratitud, detectemos los premios que nos regala la vida si somos agradecidas, respetuosas o resilientes.*

¿Cómo nos sentiremos? ¿Llenas, admiradas, completas, en paz, tranquilas, premiadas por la vida? Ahora, busquemos detonantes que nos recuerden que el hábito que estamos a punto de crear nos hará sentirnos así, como poner un cuaderno especial al lado de la cama para anotar nuestros agradecimientos del día; quizá respirar largo y profundo antes de entrar a cada junta de trabajo que detone en nosotras el hábito de ser respetuosas con nuestros colaboradores, o sonreírle a la gente desconocida para provocar en nosotras el hábito de ver con buenos ojos los contratiempos de la vida. Una vez más, cada quien sus necesidades.

Ahora hablemos de los viejos hábitos, esos que tenemos más arraigados, que son los más difíciles de transformar. Lean bien esto, porque van a ser fans: **para modificar un mal hábito tenemos que modificar la rutina y dejar intacto el detonante y la recompensa.** Quiero decir: modificar el hábito, no eliminarlo.

Un ejemplo personal: fui por varios meses presa del mal hábito de ver en exceso las redes sociales. En la búsqueda de estar informada, actualizada y no perderme de las cosas que suceden allá afuera, sin darme cuenta, me enganché y pasé de ser una mujer que veía Instagram para matar el tiempo, a ser una esclava de ver las fotos de desconocidos. Al principio era, como les dije, para matar el tiempo. En la espera del doctor, al despertar, antes de que me sirvieran la sopa en un restaurante, en el Uber... Luego pasé a ser víctima del hábito de ver Instagram no sólo para matar el tiempo, sino como una especie de adicción horrorosa que me hacía verlo entre correos en la oficina, mientras comía, cuando manejaba, en reuniones con gente, ¡con gente hablándome a mí!, o incluso cuando jugaba un juego de mesa...

Vi una megalerta que me gritaba con fuerza que algo tenía que cambiar. ¿La clave? Identificar que esto era un mal hábito que me alejaba de lo que a mí me gusta ser y hacer.

Muy claro mi mal hábito; detonante: toparme con mi celular; rutina: abrir Instagram; recompensa: sentirme informada.

**M**uy clara mi solución: lo que hice fue ponerle una estampita a mi celular, la señal que detonaría mi mal hábito, y cambié la rutina. Ahora, cada vez que ver mi celular detonara mis ganas del hábito, la rutina nueva sería leer. Traigo siempre de los siempres un libro en la bolsa. Si el entorno no da como para sacar un libro pues, por ejemplo, estoy esperando a que la señorita de la tienda haga mi factura, abro mi celular para apuntar en las notas temas sobre los cuales estoy interesada y me interesaría saber; es decir, hago dos cosas para suplir el absurdo acto de ver información ajena que no contribuye a mi crecimiento: uno, saco mi celular y apunto las cosas que me interesaría aprender; dos, saco mi libro y leo sobre temas que me mantengan informada y actualizada. Utilizo el mismo detonante y la misma recompensa, pero ahora con una rutina mucho más sana y, en este caso específico, millones de veces más productiva.

¿Cuándo han visto a una directiva picuda en una junta viendo Instagram? ¡No! Somos mujeres con mucho potencial a desarrollar como para malgastar tal cantidad de tiempo en las redes sociales. ★

Otro ejemplo de un mal hábito que representa el camino al fracaso en las relaciones es el de reaccionar negativamente a las críticas y descomponerse ante el desacuerdo. ¿Cómo ocurre? Alguien piensa diferente a nosotras y nos lo expresa. A continuación adoptamos una actitud a la defensiva para validar nuestro punto. Sentir que lo dijimos todo y que nada quedó dentro de nosotras representa, erróneamente, una especie de catarsis que nos libera de tener toxinas dentro del cuerpo.

Yo, por ejemplo, pasaba mucho de mi valioso tiempo argumentando por qué sí o por qué no, y me di cuenta de que esto sólo me agotaba y me alejaba de las buenas relaciones que yo buscaba. Hace unas páginas decíamos que si no te gusta algo de alguien, cambia tú, por lo cual, y habiendo entendido el funcionamiento de los hábitos, ya sabemos qué hay que hacer.

El detonante es el mismo: el desacuerdo o la opinión encontrada. La recompensa será sentirnos liberadas después de haber expresado todo lo que hay dentro de nosotras. La rutina es la que transformaremos. En lugar de reaccionar, no lo haremos. No abriremos la boca. Sólo pensaremos. Sólo pensaremos. Sólo pensaremos. Quizás el de enfrente se saque de onda, porque no está acostumbrado, pero no crean que las va extrañar mentando madres, sólo se esfumará el desencuentro.

Esto no quiere decir que no expresemos nuestro sentir. Lo que quiere decir es que buscaremos otras maneras positivas de hacerlo. Buscaremos el tiempo para escribir lo que pensamos, para compartir con amigas nuestras situaciones y para volver desde una postura y versión mas ecuánime con la persona para hablar sobre los temas en desacuerdo. Somos buenas generando paz, y el camino es más bien ese. Este hábito nos hace crecer, y mucho. Nosotras decidimos.

Tenemos, pues, en nuestras manos la herramienta por excelencia, la varita mágica que transforma lo malo en bueno, lo feo en bonito, lo sucio en limpio, lo doloroso en placentero y lo destructivo en constructivo. Los hábitos son oro molido si de lograr lo que nos proponemos se trata. Cuidémoslos mucho. Trabajemos todos los días en la fuerza de voluntad que emerge cuando el deseo y la disciplina se juntan.

Todo se aprende. Somos capaces de desarrollar aptitudes que nos vuelvan disciplinadas. ¡Pongamos manos a la obra! Ya no hay pretextos.

Por cierto, y muy importante: los deseos colectivos funcionan con mucho más potencia y velocidad que los individuales.

*Somos más capaces juntas que solas. Activemos cadenas de mujeres, adoptando buenos hábitos y compartámoslos, porque las demás los necesitan.*

Rompamos juntas los patrones negativos que nos han detenido durante años en el camino a la libertad. Los grandes cambios suceden bajo la influencia de hábitos personales y hábitos sociales en los que todas caminamos hacia la misma estrella. Quizá por distintos caminos, pero todas deseando lo mismo. Desencadenemos buenos hábitos colectivos y hagamos grupos para ello.

## ¡A brillar!

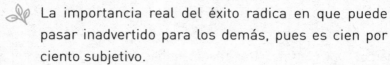 La importancia real del éxito radica en que puede pasar inadvertido para los demás, pues es cien por ciento subjetivo.

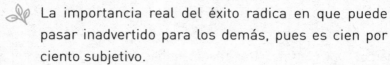 El éxito no se trata de ser rica, poderosa, famosa o reconocida. Consiste más bien en proponerte algo y conseguirlo.

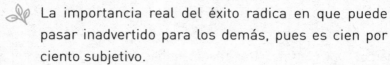 ¿Quieres ser exitosa? Adopta una cultura personal de lograr metas con frecuencia. ¿Quieres ser superexitosa? Incrementa poco a poco el nivel del reto.

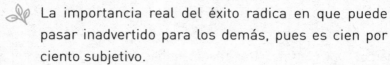 El éxito es disfrutar el camino equilibrado hacia lograr lo que quieres y se consigue con certeza de lo que quieres, perseverancia, tenacidad y disciplina.

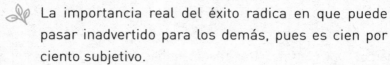 El equilibrio es la llave que abre la puerta al paraíso: otórgale la dedicación necesaria a cada una de las actividades que forman parte de tu todo.

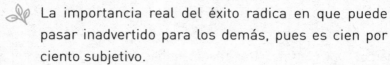 De ninguna manera conviertas al dinero en el motor por el que trabajas ni en la razón por la que persigues sueños.

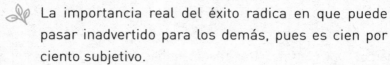 La abundancia empieza al apreciar todo lo que tienes ahora.

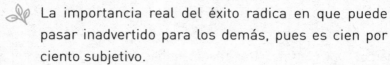 Los cambios positivos más impresionantes en la vida de las personas se originan al transformar los más pequeños hábitos.

Sé parte de la cadena de mujeres que adoptan buenos hábitos y compártelos. Contribuye a romper en colectivo los patrones negativos que durante años han detenido a las mujeres en el camino al empoderamiento.

## G.A.R.R.A.

# Cinco actitudes que te convertirán en una mujer excepcional

**L**a maravilla de la perfección humana es que todos y cada uno de los fenómenos mentales son resultado de percepciones e interpretaciones de la realidad y, por ende, pueden modificarse a nuestro antojo. Ya somos expertas en ello.

La depresión, la ansiedad, el estrés y el sufrimiento son mecanismos naturales que podemos controlar y revertir si nos lo proponemos. Es un tema de voluntad y de práctica que podemos poner en acción quienes preferimos vivir en un estado de quietud lo más a menudo posible. Ya lo hemos oído mil veces: el dolor es inevitable, pero el sufrimiento es opcional.

¿Se imaginan llegar a un estado permanente de paz y de control de nuestras emociones en el que incluso pudiéramos saber disfrutar de la tristeza?

*Es de personas excepcionales tener la capacidad de gozar lo que hay, vivir con alegría, disfrutar los pequeños placeres de la vida y contagiar de buena onda al mundo, sin miedo ni queja.*

Sería bueno salir del común denominador de la gente y pasarnos al lado de la excepcionalidad, ¿no creen?

La verdad es que suena muy complejo y un reto enorme, pero es mucho más sencillo de lo que creemos: requiere menor esfuerzo vivir en una mentalidad fuerte que en una débil que cae con frecuencia, sufre y genera dolor.

Hace algunos años, escuchar a alguien decir que el bienestar se encuentra dentro y no fuera me ponía de mal humor. Me parecía un recurso trillado y difícil de entender que me sonaba más bien a sentarme en flor de loto a dejar que los rayos de sol cayeran sobre mí. Pasé años buscando mi felicidad en el exterior y me di de topes hasta entender que no hay nada allá afuera que nos pueda hacer felices. Así era yo: «Cuando tenga un novio bueno y me dé lo que me merezco, voy a ser feliz», «Cuando sea exitosa y gane suficiente dinero, seré feliz», «Cuando se me vaya la mala suerte, seré feliz», «Cuando me reconozcan los demás, seré feliz»...

Todo eso nunca llegó, porque allá fuera no hay nadie esperando a Tati para hacerla feliz. Punto y se acabó. Además, entre más depositaba la responsabilidad de mi felicidad en los demás, más huían los demás de esas labores extrañas que les pedía que hicieran por mí. Y, ¿lo peor? Pensaba que yo era lo que me sucedía, porque nadie me había dicho que no, que no somos lo que nos sucede, sino somos lo que pensamos sobre lo que nos sucede y como podemos controlar nuestros pensamientos y modificar lo que pensamos de lo que nos sucede, pues, listo, tenemos en la mano el centro de nuestra felicidad.

Dejemos de inventarnos necesidades, porque entonces sí, ser felices se va poner cañón. Entre más livianitas atravesemos esta vida, más contentas estaremos; entre menos dinero necesitemos, más felices seremos; entre menos demandemos de las personas, más felices seremos; entre menos apego a las cosas tengamos, también más felices seremos; entre menos queramos cambiar la realidad, más tranquilas dormiremos.

A ver, la vida podría ser un reverendo infierno: enfermedades, dolorosas pérdidas, angustias económicas, rupturas de corazón al por mayor, falta de reconocimiento, desorientación y sinsentido... Claro. De hecho, muchísima gente vive así. La diferencia entre estas personas y las que vivimos plenas y contentas es la elección del camino. Cada quien es libre de tomar las decisiones que quiera. El mundo nos ofrece posibilidades. Las opciones están ahí. ¿Cuál tomamos?

Este capítulo es una receta de cinco actitudes a desarrollar: **G**ratitud, **A**ceptación, **R**esiliencia, **R**espeto y **A**legría. El objetivo es poder sortear la vida con facilidad, fluir mejor en el mundo, caminar más y evitar conflictos con el exterior y con nosotras mismas.

## • GRATITUD

La naturaleza es abundancia y está hecha en su mayor parte con mucho amor. Abundan el amor, la perfección, la paz, lo bonito y lo encantador. Volteemos a ver eso. Desde luego que hace más ruido la caída de un árbol que el crecimiento de millones de árboles. Seamos de las que ven los árboles que crecen aunque no hagan ruido.

Suelo ir los fines de semana a una casita de descanso a Valle de Bravo, un pueblo cercano a la Ciudad de México, cuyo lago no es para mí una masa de agua, sino una fuente paradisiaca de bondad, energía y alegría. Cada vez que lo veo, doy gracias a la vida de poder hacerlo y de poder sentir mi cuerpo revitalizado y conectado conmigo. Debemos ser capaces de encontrar en la fuerza de la naturaleza y en la belleza de su composición un motivo de gratitud.

Dar gracias es increíble, porque tiene el poder inconmensurable de cambiarlo todo; puede cambiar nuestra percepción del mundo, nuestras experiencias y nuestro estado de ánimo en tan sólo unos segundos. Consiste en reconocer el valor de lo que hay y estar conforme con ello.

Ver en la vida lo que falta, lo que no hay, es una actitud muy común en la cual muchas nos hemos parado a observar la existencia sin percatarnos de la gravedad del asunto y de las desventajas que tiene la infinita búsqueda de lo inexistente, porque esa falta, vacío o hueco sólo genera frustración, angustia e insatisfacción.

Sin embargo, hay un secreto para erradicar estos sentimientos que nos hacen sufrir y que pocas conocen:

# G.A.R.R.A.

*Basta convertir la gratitud en un hábito o, en otras palabras, dar gracias por lo que sí tenemos muchas veces al día.*

Suena un poco cursi, pero como dice la canción: «Gracias a la vida, que me ha dado tanto», porque esta es una lógica de pensamiento que, una vez que la adoptamos, modifica nuestra percepción y nos pone a ver el vaso medio lleno y no medio vacío.

Oigan, también, ¡qué cansancio! Cuando dejamos de buscar lo que no tenemos y dejamos de anhelar lo inexistente, descansamos. Estar persiguiendo algo todo el tiempo es muy agotador, estar buscando lo que no hay nos acaba haciendo polvo.

De verdad que es muy mágico agradecer, porque las cosas cobran otro sentido. Eso que nunca volteamos a ver, porque lo tenemos y lo damos por hecho, se magnifica a tal grado que al ratito lo empezamos a abrazar y venerar, lo que nos pone en un lugar muy codiciado al que muy poquitas podemos acceder: en el de estar satisfechas en todo momento y desarrollar el talante de verle el lado positivo a las cosas. A su vez, genera que emerjan más cosas fabulosas, supergratificantes y llenadoras de un prodigioso círculo virtuoso que, como dice la regla, nos lleva a que entre más agradecidas estemos con lo que tenemos, más cosas por las cuales agradecer tendremos. Es un efecto multiplicador.

Si cambiamos la actitud ante las cosas que tenemos y damos gracias por ello, cambiamos nosotras, cambia nuestra familia, cambia la sociedad y cambia el mundo. Las mujeres con estrella somos agradecidas; serlo crea uno de los mejores hábitos que la humanidad puede tener. ¡Bienvenidas al primer día del resto de nuestras vidas, en las que cada noche enlistaremos tres cosas por las que damos las gracias!

Mi otra abuela decía que la felicidad es de quien la da, y dar nos hace mujeres desprendidas que entendemos la importancia que tiene ser generosas en este mundo de carencias y de necesidades brutales.

En el contexto de la gratitud, debemos agradecer que podemos dar, incluso si creemos que no tenemos mucho. Dar es generoso y la generosidad siempre produce gratitud. Respiremos reflexionando dos segundos en lo privilegiadas que somos y el porcentaje tan pequeño al que pertenecemos en el planeta, y pensemos muy bien si vale la pena seguir sufriendo o mejor dar gracias.

En la tradición judía no existe el concepto de caridad. Los judíos dan *tzedaká*, palabra que significa 'rectitud' y 'justicia'. Contribuir con dinero, tiempo o recursos a una persona necesitada no los hace buenos ni generosos, sino correctos y justos. Me encanta el concepto, porque tienen muy claro que no se da porque se tiene, sino que se tiene porque se da. Cuando tembló en México, estar cerca de judíos me hizo aprender una de las lecciones más bonitas en términos de dar. Mientras comprábamos cobijas y chamarras para los damnificados, entendí que para dar con justicia, hay que hacerlo hasta donde nos duela un poquito, si no, no es relevante la donación. Cada una a su nivel, pero siempre alertas de este buen consejo que nos hará mejores personas por donde quieran que lo veamos.

## • ACEPTACIÓN

¿Nos queda macroclaro a todas que somos proclives a tropezar cuando nos ponemos en plan de desacuerdo con la realidad y que esto nos produce desilusión, intranquilidad y angustia? La aceptación será un valor que nos ayude a experimentar el gran cambio, el que nos recuerda que cambiar la realidad es inviable y que aceptarla es el primer paso desde el cual operararemos nuestra postura ante las circunstancias.

La aceptación es genial porque nos hace resolutivas. Es como un llamado a la acción. La fórmula no falla: acepta, resuelve y disfruta. Aceptar la realidad, analizar de qué está hecha y cuál de sus partes nos hace ruido, es la receta que nos permite tener claro hacia dónde enfocar nuestra energía para resolver las situaciones, con el fin de disfrutar lo que hay. No negar ni lo que sucede ni nuestra emoción ante ello.

Entonces, ante la adversidad o ante el sufrimiento, el primer paso será aceptar lo que pasa, porque nos responsabiliza y responsabilizarnos nos empodera. ¿Cómo vamos a mejorar la relación que tenemos con alguien si no aceptamos que el vínculo está dañado y que somos corresponsables del conflicto? Para solucionarlo, habrá que aceptar que hay una área de oportunidad para crecer y ser mejores personas, porque indiscutiblemente cojeamos de algún lado. Ni que fuéramos alguna princesa de esas virtuosas del canto y del baile, con vestido color pastel, que fueron confeccionadas sin defectos.

No hay posibilidad humana de conciliar sin aceptar.

Aceptar, por ejemplo, nuestras carencias, nos hace humildes, y esto siempre será buena ocasión para progresar. Tener también la humildad de recibir consejos u opiniones de la gente sobre nuestros errores es una actitud nueva con la que vamos a caminar más rápido, a ser mujeres invencibles. Va de nuevo: aceptar, resolver y disfrutar.

Hay una fabulosa sensación de poder cuando aceptamos, porque descubrimos las cosas en las cuales tenemos injerencia para su modificación y en las que no pero, sobre todo, porque nos recuerda que en cien por ciento de las circunstancias hay una posibilidad de cambio: el de nuestra reacción. Convertir el padecimiento en oportunidad de crecimiento sí que es tener el poder. Me encanta el principio máximo de AA (Alcohólicos Anónimos), inspirado en la frase del teólogo Reinhold Niebuhr, que dice: «Tengamos la serenidad para aceptar las cosas que no podemos cambiar, la valentía para cambiar las que sí y la sabiduría para entender la diferencia». ¡Sabios!

¡Venga!, hagamos un ejercicio juntas. Piensen en algo que les choque que pase. Yo, por ejemplo, aborrezco que me hagan esperar en un aeropuerto cuando se retrasa un vuelo, que me trate mal un mesero o quedarme sin pila del celular. Ahora, piensen en que son mujeres que aceptan las situaciones tal y como son, sin ningún afán de querer que sea todo distinto. ¡Ahhh! ¡Qué tranquilidad, qué sabrosura y qué descanso!... No vemos por ningún lado del ejercicio mujeres alteradas, ni mujeres estresadas, ni mujeres desesperadas, ni mujeres frustradas. Qué tremenda paz. ¡Ahí! Ahí queremos vivir.

La aceptación nos hace grandes. Con solución o sin solución, las circunstancias que aceptamos nos liberan y relajan nuestro corazón de la desgastante e improductiva lucha contracorriente. Los problemas debemos convertirlos en regalos para descubrir cómo sí y desde dónde sí podemos disfrutar.

¡Oigan!, ¡oigan!, mucho cuidado con la delgada línea entre aceptar y aguantar lo que no nos gusta. Si algo nos incomoda, movámonos hasta encontrar el lugar donde sí nos sentimos bien. Soportar es muy distinto a aceptar.

Cada vez que se encuentren en la situación de «esta experiencia que estoy viviendo no es la que debería estar viviendo» ya saben qué hacer: no se resistan a la realidad, porque eso les generará sufrimiento.

Grábense algo:

*Las experiencias no nos hacen sufrir, lo que nos mata, es nuestra terquedad de resistirnos a aceptar la realidad.*

Las cosas son así. Si acepto a mi hermano como es, no sufro. Así de simple. Si lo quiero cambiar, sufriré. En el ring donde boxean la realidad y mis ganas de controlar la realidad siempre gana la realidad; así que ya lo saben, ustedes mandan.

## • RESILIENCIA

Definámosla como la capacidad que tenemos para superar la adversidad, aquella fuerza que encontramos ante circunstancias difíciles o traumáticas que nos permite recuperar el estado de bienestar que teníamos antes de vivir esa situación adversa.

Es poderosísima y de lo más estimulante. Si les digo que es una catapulta al máximo estado de bienestar, ¿me creen?

La resiliencia es como un motor que nos impulsa a andar por la vida ligeras de equipaje y es, desde mi óptica, el más grande ejemplo de fortaleza y salud emocional. Es como el vuelo directo al destino, sin ningún tipo de escalas no deseadas. Cuando logramos vivir resilientes, entendemos que logramos una fuerza excepcional, porque la resiliencia evita uno de los trámites más horrorosos de la vida: derrumbarnos.

¿Ubican este verbo enemigo que intenta llevarnos hacia espacios obscuros de depresión, de resignación y de debilidad que nos desactivan y que arrasan con todo el trabajo que hasta entonces habíamos logrado?

La resiliencia es el más fuerte de nuestros ejércitos cuando se trata de defendernos de los temibles adversarios, como el infortunio, la desgracia, la desdicha, el percance, etcétera. Piensen en lo increíble que es saber que, a pesar de que sucedan eventos devastadores, hay siempre un camino que nos devuelve al estado en el que nos encontrábamos antes de que hubiera dificultades. Es más, incluso a un mejor lugar. La capacidad no sólo de regresar, sino de encontrar un lugar o un sentimiento superior al que teníamos. La resiliencia cura el dolor, a pesar de que este sea agudo y profundo, aquel que nos lastimó tanto.

En algún punto de nuestro instinto de supervivencia se encuentra esta actitud, esta capacidad de volver con fuerza al mundo, porque al final del día, y es verdad, lo que no te mata te hace más fuerte.

Me enamoré de la resiliencia cuando entendí que no forzosamente tiene que pasar algo demasiado grave ni tan adverso para ser resilientes. Al contrario, es una herramienta del diario, porque la verdad es que el dolor es un sentimiento natural en los seres humanos que, si bien se presenta en distintas magnitudes, nos visita muy seguido y necesitamos estar preparadas para ello, para saber cómo actuar ante estos malos ratos.

Vamos a padecer dolores y limitaciones toda la vida por el simple hecho de estar vivas, y nadie estará más al pie del cañón para superarlo que nosotras mismas. A todas nos van a pasar cosas dolorosas. A todas. Nosotras mismas tenemos que tener listo el botiquín para nuestra propias heridas. Esto es prioritario.

«Me dolió mucho la pérdida de mi amigo, me tiene devastada, desanimada, deprimida y desolada. Entiendo mi sentir porque soy autocompasiva y sensible. La muerte de un ser querido duele muchísimo. A todos los seres del planeta nos ha pasado. Conocerme me ayudará a saber lo que su ausencia genera en mí y, como soy lo más importante que tengo, pondré en marcha mi resiliencia para volver a sonreír, salir adelante, valorar la vida, recordarlo como se merece, con una gran sonrisa, y deseablemente ser mejor persona al integrar todo lo que aprendí de él».

¿Se dieron cuenta de cómo nosotras podemos ser nuestro mejor medicamento para el dolor? El botiquín está dentro, pero no a todas nos dieron las instrucciones de uso. El ejemplo que les di fue un caso de dolor severo, pero lo bonito es que la resiliencia, como les digo, aplica también para un ejemplo como este que me pasó con mi ex novio: me esforcé muchísimo en arreglarme y verme muy bonita para salir a cenar con él, lo cual me tenía feliz en el baño, cantando y bailando de emoción. Cuando llegó por mí, me dijo que no me veía bonita. Me dolió, a un pequeño nivel, pero me dolió. Pude haber hecho un drama por haber sentido ese dolorcito, pero fui resiliente y dejé pasar el trago amargo (porque eso son los pequeños dolores, como tragar algo que sabe horrible), y decidí recuperar de volada el estado en el que estaba antes de su comentario; el estado que me tenía tan contenta para salir a mi cena con ese humor. Asunto resuelto.

Otra cosa increíble es que si todos traemos un botiquín dentro, podemos incluso recurrir al de alguien más por tantita agua oxigenada. No teman hablar, expresar su dolor y compartirlo con personas cercanas y de confianza, porque es igual de liberador y sanador.

*Expresar las emociones ayuda mucho a ser resiliente porque es otra manera de ponernos en contacto con nuestro dolor.*

Manifestarlo con todas sus letras, a pesar de que a veces esto nos vulnere, nos ayuda a desarrollar más y más nuestra capacidad para ser resilientes. Es por eso que son tan efectivas las comunidades que congregan personas que padecen de los mismos dolores, como las terapias de grupo. Buscar ayuda es humano, y encontrarla con pares o gente que se encuentra en situaciones parecidas funciona de maravilla.

Haber entendido que el dolor es parte de la vida y que nos van a pasar cosas buenas, pero que también nos van a pasar cosas que no están nada padres, porque es humano; que expresarlo nos ayuda a sanar y que buscaremos ser mujeres resilientes que se recuperarán pronto de las dificultades, porque la vida tiene mucho que ofrecernos, habla de una madurez brutal.

Jueguen frecuentemente con el botón de la resiliencia, es decir, tengan la inteligencia para que exactamente en el momento en que empiecen a sentirse mal por algo, puedan activar el esfuerzo mental y revertirlo, ya sea para sentirnos bien, reírnos o pasar la página. Para lograrlo, hay que practicarlo setenta y cinco veces al día si es necesario. Yo lo hago todos los días y cada vez me es mas fácil. En realidad hace unos años no hubiera podido siquiera concebir la idea de reírme de perder mi celular o de no sufrir profundamente con un divorcio, o de no sentirme perdedora en mis infinitos fracasos. Aplico el cambio de actitud radical ante pequeñitos malestares diarios, como la prepotencia de la gente, la mala educación, la falta de reciprocidad en el cariño, engaños, mentiras, desacuerdos, enojos, amarguras, etcétera, etcétera. Diario. Mucho. Cambiar rápido la emoción negativa por una buena actitud. Enseguida. Sin dejar que permee en todo el cuerpo, ni mucho menos que se guarde maltrecha.

Con el tiempo, una agarra callo y adivinen qué pasa... La adversidad se previene. Cuando vivimos en modo buena actitud, pasan menos cosas que nos hacen sentir mal. Es magia de nuevo. ¡Cuánta magia!

Un día conocí a un hombre incapaz de disfrutar las cosas. Parecía robot o un pedazo de madera... no sé bien. El caso es que estaba imposibilitado para gozar. Como si lo hubieran enviado a trabajar, a hacer dinero y a despertarse, vivir y dormir. Me pareció tan extraño y me conmovió tanto que decidí hacer algo por él. No podía perderse el regalo de la vida, que es disfrutarla. Decidí hacer circo, maroma y teatro para enseñarle a disfrutar. Fracasé, pero aprendí algo muy valioso: él no tenía ninguna inquietud de cambiar. Sólo las personas que buscamos reinventarnos desde un mejor lugar podemos hacerlo. Llegar a ser personas extraordinarias debe ser una decisión voluntaria que nace de un deseo y una gran ilusión de evolución y mejora. **Nadie puede cambiar al de enfrente si este no quiere hacerlo.** Tengamos el cuidado de respetar a las personas que no tienen intención de cambiar, y si les sirve de consuelo, sepan que siempre que nosotras crezcamos seremos ejemplo.

Así que nada de amargarnos. Ni la soledad, ni la enfermedad, ni la pérdida, ni las infortunios, ni las desgracias, ni los contratiempos, ni los percances restarán sentido a nuestra vida ni nos apartarán del bienestar que seremos capaces de generar dentro de nosotras.

## • RESPETO A UNA MISMA

Para ser mujeres completas, enteras y bien compuestas desde la raíz es necesario respetarnos a nosotras mismas, honrarnos, ser leales y congruentes. Qué bendición poder confiar en nosotras mismas antes que en ninguna otra persona que nos rodea. Parece obviedad, pero vieran lo mucho que nos metemos el pie y nos faltamos al respeto. Basta un poco de sentido común y lógica para afirmar que si nosotras no nos respetamos, la gente tampoco lo hará. Lealtad con lo que decidamos ser y congruencia para lograrlo, porque esto nos protege de que el exterior nos haga daño, nos ofenda o nos vulnere. Respetarnos es cuidarnos, es valorarnos, es darnos nuestro lugar y es reafirmar nuestra valía personal. Todas tenemos el derecho a ser inmensamente felices y para ello habrá que respetarnos antes que a los demás. Ver con claridad nuestros objetivos para no dejar que otros nos manipulen ni nos lleven por senderos que no queremos. De eso se trata respetarnos.

Nadie las va a proteger como lo van a hacer ustedes mismas. Nunca es tarde. Y si hoy mismo comienzan a autorrespetarse y a construir una autoestima tal que las motive a ser esas valientes mujeres que frenan en seco las faltas de respeto que reciban de personas miserables, les aplaudiré infinitamente, aunque créanme que mi aplauso es insignificante al lado de la heroica sensación que las invadirá durante el resto de sus días por haber tomado la decisión de respetarse a tal grado que reconocer su derecho a ser la mujer más feliz del mundo les permitirá sentirse mucho más plenas a partir de ello. Recuerden esta ley de vida, y memorícenla muy bien:

*«Nadie puede hacerte sentir inferior sin tu consentimiento» Eleanor Roosevelt.*

## • ALEGRÍA

Si estamos hablando de actitudes positivas, ¿qué más positivo puede haber que vivir con alegría y tomar las cosas por el lado amable en este mundo que lo que necesita es gente contenta y entusiasta que nos inspire a sonreír más?

Por más difícil que se nos presenten las circunstancias, todas tenemos la capacidad de ver la vida desde un ángulo más favorable siempre, o sea, somos capaces de ver lo extraordinario en lo ordinario. La alegría y la buena vibra se contagian de inmediato, por lo que todo el tiempo sugiero dos cosas, una es ser lo más simpáticas y alivianadas que podamos, porque ya lo decíamos, hay que tomarse la vida seriamente, pero no tan en serio, y la otra es sin duda, juntarse con más gente que emane hilaridad y nos salpique de buen ánimo.

Voy a destacar una de las virtudes que más disfruto y admiro en la gente: el humor. Cualquier ocasión nos permite agregarle tres gotitas de humor a las situaciones con el fin de modificar nuestro estado de ánimo, el del de enfrente y el del mundo.

Dicen por ahí que el humor es el estado más elevado de la inteligencia y sí que lo creo. Poder reír del problema, de la eventualidad, del defecto, del error, de la equivocación y, sobre todo, de nosotras mismas, es un gran privilegio. ¿Lo bonito? Es voluntario gozar de tal facultad. Adoro a la gente que me inspira esa ligereza.

Aprendí a ser menos intensa en esta vida gracias a mi amiga Marianita, quien ha tenido la inteligencia y la creatividad de convertir todos sus problemas en razones para reír. En alguna ocasión cometimos juntas un error que me hizo sentir un profundo arrepentimiento, mientras ella se burlaba de sí misma con tremenda carcajada en la boca. ¿Por qué Marianita podía reír de la misma circunstancia que a mí me tenía tan mortificada? Porque ella ya había aprendido que la vida sólo es una y que elegir autoflagelarnos o martirizarnos no cambia las cosas; en cambio, inyectarle levedad nos quita un peso de encima.

La vida es espléndida, y el grado de complicación que esta pueda tener es proporcional a las ganas que tengamos de hacérnosla difícil. Aprendemos equivocándonos, y esto está ligado al lado gracioso de la vida. Nada es para tanto. La felicidad está hecha de la frecuencia de experiencias bonitas y no de la intensidad de estas experiencias. Tendamos a la sonrisa y a la risa. Trabajemos en tener motivos, y si no los tenemos, inventémoslos o démosle la vuelta a las situaciones para volverlas una razón de alegría y de humor. Celebremos la vida todos los días sin esperar a que pasen momentos especiales para celebrarla. Hagan el experimento, pasen por un momento difícil y ríanse de él, hagan el ejercicio de decir: «¿Qué pasa si esto que estoy padeciendo lo veo con humor y hago una anécdota chistosa para contarle a mi familia que este mal momento que veo negro, mañana será otra graciosa historia que me recuerde que soy una mujer que camina con una caja de herramientas muy completa bajo el brazo con la que puedo enfrentar el mundo y que este, por cierto, es muy divertido?». Conviertan el «qué mal me porté» en «soy una pícara». Transformen una discusión en un motivo para reírse de sí mismos, como lo hace Daniel, de quien he aprendido tanto en este sentido cuando me dice: «Tienes catorce minutos para desenojarte conmigo y volverme a sonreír, porque te ves horrenda haciendo puchero». Me carcajeo y me recuerda que nada es tan grave.

Ríanse de la vida cuando sus hijos hagan travesuras, porque justo para eso las hacen. Modifiquen el «Siento culpa por haber salido ayer hasta las tres de la mañana y no tener hoy fuerzas para jugar con mi bebé», por un «Me sigo riendo de la parranda de anoche y mi bebé seguro se portará pésimo en mi desvelada». Practiquen frente al espejo su sonrisa, su risa y sus carcajadas, y cada vez que se acuerden durante el día, presúmanlas. Lo digo en serio.

Si las primeras veces lo sienten falso, no se preocupen, se van a ir sintiendo cómodas con el ejercicio y acuérdense de que es un ingrediente necesario para sacar a relucir nuestra nueva yo. Se irán dando cuenta de que entre más sonrían, más gente les regalará sonrisas a ustedes. Hagan el experimento de caminar por la calle y, en vez de pasar junto a una persona con indiferencia, sonríanle y noten el efecto que tiene hacerlo. Los cambios empiezan dentro, y para que se vuelvan colectivos, lo que hay que hacer es comenzar con la persona que tenemos más cerca, y ella a su vez con otras, y así sucesivamente.

Entonces, desde hoy, sonríanle a todos y ríanse de la vida. La alegría abre puertas. La gente alegre alegra gente. La alegría es guapura. La alegría es éxito. La alegría es brillo. Y las mujeres empoderadas brillan mucho. Les ruego que se diviertan. Que se rodeen de gente que las haga reír, de amigos con quienes pasen momentos bomba y memorables. Que busquen parejas divertidas, y si ya tienen una pareja bien aburrida, reinvéntense.

## Una historia con G.A.R.R.A.

Todas tenemos una colección de historias en las que la adversidad nos ha retado a actuar con G.A.R.R.A. Hagan memoria. La idea es que adoptemos esta condición para siempre y nos convirtamos en estoicas guerreras de la vida a las que no detiene nada. Esta historia les va a gustar. Si nos adueñamos de estas cinco herramientas y las implementamos ante cualquier circunstancia de la vida, nos llevarán a ser mujeres más poderosas.

Esta es la historia en la que nace La G.A.R.R.A; una anécdota de mi vida en la que la Gratitud, la Aceptación, la Resiliencia, el Respeto y la Alegría juntas hicieron magia. Es el cuento que le da nombre a la herramienta y que comparto para recordarles lo potente que en la vida es tener G.A.R.R.A.

Escuchen esto:

Tenía yo 34 y estaba soltera. La pasaba muy bien y disfrutaba mucho los momentos divertidos que me daba ese estado civil. Como siempre en la vida, una crea su grupo social a partir de lo que la rodea y la define en el momento, por lo que fui armando un grupo de amigas solteras de lo más simpáticas y traviesas que puedan imaginarse. Dios nos hace, nosotras nos juntamos... Ya saben...

Ese era un día especial, pues una de las amigas solteras había dejado de serlo y era la noche en la que nos iba a presentar a su nuevo novio, el que le quitaba el aliento y le hacía palpitar el corazón. A pesar de que yo había tenido un día pésimo en la chamba y que el galán que me gustaba me había mandado al cuerno, brindaría, pues, por la dicha de mi amiga.

Me arreglé para la cena y me puse mis mejores trapos. Un vestido precioso que me había comprado mi ex marido en una de esas largas sentadas fuera de un aparador, admirando la belleza, delicadeza y perfección de la piel de conejo que confeccionaba esa elegantísima prenda. Me dirigí con una gran actitud y con una buena botella de vino a casa del señor novio de mi amiga para conocerlo y celebrar su nueva relación y el sueño que juntos iban a construir.

Llegué a un edificio con fachada de mal gusto, pero no, no era tiempo de prejuzgar. Qué más daba el gusto del señor, si haría feliz a mi amiga y, pues, en gustos se rompen géneros... Nunca juzgues un libro por su portada y todas esas cosas buenas que una debe pensar ante la  abrumadora antiestética.

Había guaruras en la recepción. Pregunté por el número del departamento y me guiaron amablemente hacia él. «Piso 14 y 15, porque es de dos pisos el del señor». «OK, OK. Gracias», contesté.

Toqué el timbre y me recibió un mozo con guantes blancos y con una mano detrás en la espalda. «Bienvenida. El señor no ha bajado, pero, por favor, acepte una copa de champaña y siéntanse en su casa». «OK, OK. Muchas gracias», contesté.

Llegué a la sala y las demás amigas no habían llegado. Quizá era por lo de mi extrema puntualidad. Me trajeron mi copa, me senté en la sala y esperé a que bajaran el señor y mi amiga. Me dio tiempo para observar aquel piano de cola blanco, esa pared tapizada de cuadros falsos, y una enorme y vistosa pecera de unos cuatro metros de largo por tres de altura, iluminada por luces neón azul que intensificaban el brillo y la potente mirada de las decenas de pirañas que ahí vivían.

Mi mirada estaba absorta en los dientes de las criaturas cuando escuché la voz norteña y cantadita del señor: «Sooon piraaaañas de Amazoooonas». «Sí, están bien bonitas», dije por amable, mentirosa e incapaz de iniciar de manera descortés la relación con el novio de mi amiga.

La gente comenzó a llegar. Nos servían champaña sin cesar y mi amiga irradiaba montones de felicidad. Algo bueno le daba ese señor.

Él también estaba feliz. Lo noté por la cantidad de sudor que expiraba su nuca y que secaba con cierta frecuencia con su paliacate, casi, casi después de cada una de sus estruendosas carcajadas.

Yo seguía impactada por los colmillos de las pirañas bañadas en luz azul. Craso error.

El señor se acercó y me dijo cien por ciento equivocado, pero muy seguro de sí mismo, y con todo y su cantadito norteño: «Te guuuustan los animaaaales». No me dio tiempo de contestar que no, que no era eso por lo que veía sus pirañas, sino por mi gran deseo de entender la personalidad de un hombre que atesoraba esa gran pecera en su sala.

«Bueno, no es eso...», alcancé a decir, cuando me interrumpió echando un grito hacia el área donde se encontraban los mozos pendientes de lo que necesitara: «Jaaaime, a la señoooora le guuuustan los animaaaales, traete a Vito». «Sí, señor, a sus órdenes», contestó Jaime.

Jaime entró de nuevo a la sala con un chita... del tamaño de un chita. Con olor a chita. Piel de chita y actitud de chita.

Silencio.

Las ocho personas que estábamos en la sala con nuestras copitas deliciosas cambiamos de ritmo cardiaco. Sacamos el celular para tomar fotos. Ver a un chita a dos metros de distancia es lo más fuerte que me ha pasado. No es cierto. Lo que pasó después es lo más fuerte que me ha pasado. Puedo recordar el momento sólo en cámara lenta, así que bajo ese lente se los contaré.

Todos mirábamos impresionados al animal. Todos impactados. Jaime, el mozo, había traído a Vito, la mascota favorita del hogar, con una correa metálica como la que le he visto a algunos dueños de perros feroces en el parque. No soy experta en mascotas. Menos en mascotas chitas.

Lo siguiente que pasa es que, mientras el señor nos presentaba a su chita y nos contaba cómo lo había conseguido en el mercado negro de no sé qué país africano, el chita comenzó a hacer un movimiento que yo sólo había visto en Discovery Channel, uno en el que flexiona las cuatro patas hacia atrás bajando un poco la cadera al piso, mirando fijamente mi vestido y erizando uno a uno los pelos de su columna vertebral que van desde la cabeza hasta la cola. Creo que mi vestido elegantísimo de conejo le había recordado a Zimbabue.

Lo siguiente que sucede es un salto feroz del felino hacia el conejo, o sea, hacia mí.

Mis ojos vieron cómo se acercaban los suyos en el aire, con sus fauces bien abiertas y su garra derecha dirigida con voracidad hacia mi cuerpo. Mi instinto de supervivencia decidió soltar la copa y tirarme al piso protegiéndome entre las demás personas de ser comida por un chita en la sala de un norteño en la Ciudad de México. Las copas tronaron, los invitados nos caímos y Jaime logró jalar con fuerza la correa que detuvo a Vito de acabar conmigo. Sólo alcanzó a darme un zarpazo en la ingle.

Ahí terminó la cámara lenta, pues lo siguiente era actuar con velocidad y entender lo que había pasado. Todos en

G.A.R.R.A.

el piso, entre vidrios y champaña. Me levanté con un miedo indescriptible y escuché de nuevo la vida. «Tranquiiiiila, no pasa naaaada», dijo el insensible ese.

Los amigos me preguntaron si estaba bien, y yo no sabía qué contestar, porque en realidad estaba bien si se trataba de comparar entre estar en las fauces del chita o estar levantándome del piso con el chongo deshecho y la ingle adolorida.

Nunca jamás he estado tan asustada. En realidad estaba bien. Mi vestido estaba roto y lo que necesitaba era asegurarme de que no me hubiera pasado nada extraordinario donde se había rasgado. Fui al baño y me levanté el vestido para encontrarme sangre en una herida lo suficientemente superficial como para dar gracias a la vida.

En el baño, le marqué a mi hermana para decirle: «Vale, me atacó un chita». Ella se rió y me dijo: «Espero que haya estado tan guapo como el que me contaste que te atacó el mes pasado... Te tengo que colgar porque ando en una cena, luego me cuentas... Besos».

Estaba viva. Estaba sola. Estaba aterrada. Estaba confundida. Estaba enojada. Estaba furiosa. Estaba agradecida. Estaba serena. Estaba nerviosa. Estaba feliz. Estaba temblando. Estaba deseando no estar sola. Quería llorar.

Tocaron a la puerta y una cocinera me llevaba algodón y alcohol. Me limpié muy bien la herida.

Salí del baño y, para mi sorpresa, el señor destapaba la siguiente botella de champaña y, pasando su brazo por mis hombros, como un abrazo de compadres, me dijo: «Noooo, pos es que a quién se le ocurre ponerse un vestido de coneeeejo, mijaaaaa. Hay caviar y salmón. La cena está servida, páseleeee y relááájeseee».

Todos, al darse cuenta de que no tenía que ir al hospital, continuaban la amena noche.

Quería gritarle setenta y seis peladeces al hilo, de esas dolorosas y bien groseras, al norteño. Quería cambiar la situación por completo y decirles a mis amigos que eran unos desconsiderados. Quería que todos hubieran reaccionado distinto y que estuvieran conmigo atendiendo mi dolor físico y, sobre todo, del corazón y del alma. Quería llorar, pues el episodio era lo único que me faltaba en el día para ser una piltrafa humana y recordar lo frágil que era, lo sola que estaba y lo frecuente que una cicatriz en la ingle me recordaría mi vulnerabilidad. Además, sentía que debía quedarme a cenar para no armar un pancho y no arruinarle la cena a mi amiga, que estaba ilusionada, ni echar a perder el entusiasmo del cantante que comenzaba a tocar el piano y cantar algún bolero del disco **Romance** de Luis Miguel. Quería tomar fotos para denunciar al patán este que, según yo, lo que necesita era una dosis de escarmiento, de autoridad y de rejas.

Me había pasado un drama y necesitaba actuar como tal. Sin embargo, surgió la G.A.R.R.A.

Mágicamente puse en práctica las herramientas que la vida me había estado mandando. Agradecí, agradecí y agradecí muchas cosas. Mi vida. Mi salud. La estrella que tengo y que me salvó del chita. A Jaime, que lo detuvo en el aire. La ayuda de la cocinera. Agradecí estar agradeciendo. Agradecí estar donde estaba aprendiendo.

Acepté que no podía cambiar la situación, y que la gente es como es y no estaba en mis manos que reaccionaran como yo hubiera querido. Acepté que me había sucedido algo que me había afectado sólo a mí y que era yo la que tenía que resolverlo. Acepté que el señor era como era, y que solita la vida lo iba a poner en el lugar al que pertenece, no yo.

Respiré y fui resiliente para volver al estado en el que me encontraba antes del ataque, para entonces, desde ahí, tomar decisiones con serenidad y temple. Tuve la capacidad para superar cien por ciento el evento y volver a sonreír en la cena.

Fui respetuosa conmigo misma y con los demás, y llevé a mi amiga a una esquinita para decirle que se quedara feliz en su fiesta, que estaba tan bonita y que sin mayor alarde me iba yo a retirar, pues prefería dormir después del susto que me había llevado.

Me fui a mi casa. Le llamé a mi papá y lloré dos horas con él, desahogando mis emociones y, por supuesto, respetando el sentimiento de impotencia que lo inundaba y dándole G.A.R.R.A. para no ir a degollar al dueño del chita.

Al día siguiente desperté decidida a hacer de esta una alegre historia más en el diario de historias de Tatilandia, las que, con sentido del humor, convierten mis traumas en anécdotas divertidas. Reírme del tema y mucho. Alegría. Y así fue.

Lo que nadie sabe es la profundidad con la que tomé el acontecimiento y la trascendencia que tuvo en mí saber que cuento con herramientas fascinantes y que tengo la capacidad de ponerlas en marcha cuando quiera.

Hoy, la foto del chita vive enmarcada en mi sala, el vestido remendado en mi clóset y un nuevo término en mi diccionario: G.A.R.R.A, que representa estas cinco cualidades que quiero tener siempre, así como un homenaje a ese lindo gatito.

## ¡A brillar!

- 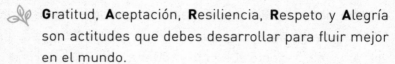 **G**ratitud, **A**ceptación, **R**esiliencia, **R**espeto y **A**legría son actitudes que debes desarrollar para fluir mejor en el mundo.
- 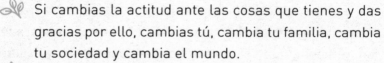 Si cambias la actitud ante las cosas que tienes y das gracias por ello, cambias tú, cambia tu familia, cambia tu sociedad y cambia el mundo.
- Ante el sufrimiento, acepta lo que pasa porque te responsabiliza y te empodera.
- Superar la adversidad es el ejemplo más grande de fortaleza y salud emocional.
- Expresar tus emociones te ayudará a ser resiliente, pues es otra manera de ponerte en contacto con tu dolor.
- Respetarte es cuidarte, valorarte, darte tu lugar y reafirmar tu valía personal.
- El humor es el estado más elevado de la inteligencia. Ríete del problema, de la eventualidad, del defecto, del error, de la equivocación y, sobre todo, de ti misma.

# Pasos para lograr un equilibrio físico y mental

## • CUIDARLO

**T**oda la información que hemos procesado hasta ahora nos ha dado un buen baño de conciencia, un profundo clavado al alma y una sabrosa sacudida mental que nos ayudará a resetearnos y a comenzar una vida desbordante de motivos y razones para vivirla con pasión, y cuyo propósito claro y preciso nos despierte todas las mañanas llenas de energía y ganas de vivir, siendo las líderes de nuestro plan maestro; ese con el cual conquistaremos el mundo realizándonos como mujeres.

¡Wow! ¡Qué poderoso! ¡Qué genial! ¡Qué sensación tan satisfactoria!

Pero, momento, antes de hablar de arrancar esta gran carrera, habrá que verificar que nuestro vehículo personal esté ¡al tiro! Que funcione como debe, que no le falten piezas, hacerlo pasar por alineación y balanceo, pero, sobre todo, estar muy conscientes y tener siempre en cuenta que nada de lo aprendido puede suceder si nuestro cuerpo no funciona bien y no dedicamos una parte de nuestro tiempo a mantenerlo y cuidarlo.

Nuestro cuerpo, concebido como lo que es: la maquinaria perfecta que nos permite transitar por la vida, nuestro único recurso para andar en ella. ¿No les parece prioritario venerarlo como un templo divino? A mí sí. Me refiero a respetarlo, escucharlo y conocer sus necesidades para mantenerlo en óptimo funcionamiento.

No se me asusten. No voy a comenzar aquí una retahíla de nuevos hábitos difíciles de lograr, ni mucho menos quiero que se me vuelvan orgánicas, ni macrobióticas, ni veganas. Recuerden que el chiste es ser felices teniendo conciencia de lo que el cuerpo pide, porque es sabio. Una vez que lo aprendemos a escuchar, para entonces actuar, todo se vuelve simple.

¿Qué tanto pide el cuerpo? ¿Qué hay que saber escuchar? Muy sencillo y básico. Pide estar sano. Pide que lo alimentemos con ingredientes que le sirvan para transformarlos en la energía que requeriremos para cumplir nuestros objetivos; pide que lo movamos lo suficiente para tener un corazón fuerte que nos haga circular por dentro, dándonos los años suficientes para ver cumplidos nuestros sueños; y pide que lo mantengamos en contacto con nosotras mismas y nuestro más profundo ser, que a su vez es el que nos conecta con la energía más grande que existe.

La comida, como les decía, no necesita ser fuera de lo normal para ser sana. Lo que necesitamos es comer comida verdadera y listo. Procurar que, en la medida de lo posible, provenga de la tierra y de los animales, en lugar de ser conservada y fabricada para ser guardada en una lata o en un empaque durante años. Bastante sencillo el asunto.

Nunca he sido una mujer que sepa leer una etiqueta nutricional y podría presumir que no sé cuántas calorías tienen las cosas. ¿Por qué? Porque como para estar sana. Porque tengo mucho interés en mi vida y la quiero disfrutar desde la salud que esté en mis manos mantener. No creo en comer para igualar el cuerpo de alguien más. No tiene importancia en mi vida. Por ejemplo, desde hace muchos años aprendí a comer hasta sentirme ochenta o noventa por ciento satisfecha, pues recuerdo que cuando no lo hacía y comía por gula, terminaba por sentirme mal, en una especie de sobresatisfacción que me causaba pesadez y cansancio.

*Comer bien está relacionado con nuestro nivel de felicidad.*

A reserva de que tengamos alguna condición especial, no se requiere de dietas, de nutriólogos, de polvos y no hay gran ciencia detrás de que los seres humanos requerimos de alimentos naturales como lo es nuestro propio cuerpo para operar y funcionar de manera óptima.

El tema es que somos maquinarias tan resistentes que nos hemos adaptado a la introducción de agentes extraños al cuerpo por necesidades de unas o de otras, y el cuerpo aguanta. Sin embargo, si nos alimentamos con químicos, el cuerpo no funciona en su mejor versión. Ha sido tanto el bombardeo de información nutricional, y tan desvirtuado el prodigioso acto de comer rico en las cantidades que el cuerpo nos pida, que vivimos en una tremenda confusión sobre lo que está bien y lo que está mal comer.

Para mí, comer bien es comer lo que mi cuerpo necesita. No requiero de ningún tipo de análisis sanguíneo ni de cursos sofisticados, sino de tener un sentido común muy bien desarrollado y un par de conocimientos básicos alimenticios, como que se necesitan vitaminas, proteínas, minerales, carbohidratos y agua. Bajo esta lógica, una sabrá que puede prescindir de saborizantes, colorantes y todos esos ingredientes impronunciables que no sabemos ni qué significan. De verdad que no se necesita ser expertas. ¡No! Tan natural como comer fresco una proteína con espectaculares verduras y unos cuantos granos, las debidas dosis de fruta, los carbohidratos que el cuerpo pida y tomar mucha agua.

He de decir que, para mí, comer bien también es comerse un helado o un chocolate, o lo que cada quien quiera cuando cada quien quiera. Cuando hay una consciencia del poder que adquiere el cuerpo al estar bien nutrido y funcionando como debe ser, florece aún más el dichoso sentido común y el autocontrol sobre los excesos. Sólo cuando nos amamos y valoramos nuestro cuerpo puede suceder esto.

*Si nos desatendemos emocional, mental y espiritualmente, no habrá poder humano que mantenga un orden físico en nuestro sistema.*

La tendencia a la enfermedad nace ahí, en vivir inconscientemente, como si el cuerpo fuera prestado y, peor aun, inmortal. Pocas cosas me gustan más como los Ruffles verdes con limón y Maggi. Sé que la gente que los come muy seguido no tiene el cuerpo que a mí me gusta tener: el fuerte, el lleno de energía y el que se enferma poco. Por eso los como muy de vez en cuando y muy consciente de que es por el puro y momentáneo placer que me genera el sabor y que no, no me ayudan en nada.

¿Qué dieta? ¡Sin dietas! No se excedan en nada, porque los excesos son malos en este capítulo, pero en el anterior y en todos y cada uno de los capítulos que conforman nuestra vida.

«Tomar es malo». Sí, pero sólo cuando no tienes control sobre tu voluntad y lo haces sin medirte o para olvidar tus problemas. Yo me tomo una copa de vino en la comida o en la cena todos los días, y cuando hay razones de festejo, me tomo las que a mi cuerpo se le antojen. Lo hago porque me hace sentir bien, y ya quedamos en que seremos mujeres en balance que se conocen a profundidad.

Lo mismo pasa con la comida. Siéntanse bien y no responsabilicen a una nutrióloga desconocida de lo mal que procesan la cantidad de pan que ingieren en el día o los tres postres que consumen diario, porque, más allá de que alguien pueda ayudarles a tener una figura esbelta impidiéndoles comer tres postres diarios, el trabajo es desde dentro, es con una, entendiendo de autoestima, de confianza, de propósito, de superpoderes, de G.A.R.R.A. El estado de quietud al que paso a pasito van a entrar es el que hará que la necesidad de comer tres postres se desvanezca y entonces todo será más sencillo.

Desde luego que hay una inteligencia superior a la nuestra que hace que todos los corazones de todas las personas latan, y todos los estómagos digieran, y cada metabolismo trabaje a su ritmo; sin embargo, está en nuestras manos, en las propias, entender los mecanismos que ponen en marcha todo ello.

El futuro es mujer

Entender, por ejemplo, el poder de ciertos alimentos para estimular defensas inmunológicas, combatir resfriados, antioxidar la piel —que es nuestro órgano más grande— evitar desgastes digestivos o, incluso, para tener más apetito sexual.

¿Qué cura mejor un resfriado? ¿Pastillas que adormecen, marean y ocultan los síntomas que nos alertan de nuestro estado físico y su recuperación, o un buen caldo de pollo, un té con limón y miel, y dos litros de agua en la cama, sintiendo cariño de los nuestros? Creo, desde hace muchos años, en la comida como la gran medicina preventiva y procuro ser fiel a mis creencias, porque hacerlo me hace sentir muy bien.

Coman fresco, tomen agua, tengan mesura, escuchen a su cuerpo, ponderen, midan, equilibren y gocen. Nunca se olviden de que el objetivo es tener un cuerpo sano, el cual funcione para llevarnos a ser las mujeres libres que buscamos ser para tomar nuestras propias decisiones, las que nos hacen felices, y que **no se trata, bajo ninguna circunstancia, de parecernos a ningún estereotipo de belleza que alguien haya planteado, porque eso no existe.**

## • LUCIRLO

El cuerpo humano es precioso en toda la extensión de la palabra. Las bajitas, las altas, las anchas, las angostas, las rubias, las morenas, las rizadas o las lacias. Todas somos bonitas si somos seguras de nosotras mismas. Todas somos bonitas si sonreímos. Todas somos bonitas si nos amamos. ¿Todas estamos ya ahí? Entonces, ¡a lucirlo!

**E**l cuerpo es divino y ponernos una minifalda porque nos hace sentir bien y nos gusta hacerlo, ¡es maravilloso! La minifalda la usamos nosotras, es para nosotras y nos importa a nosotras. No es para los demás. Si me siento cómoda en ella y es la ropa de mi elección, ¡adelante! «Es que tengo las piernas muy anchas, muy aguadas o con celulitis». ¿Según quién? No sé si se han fijado, pero a mí me da mucha risa cómo los hombres ven en nuestro cuerpo distintas cosas a las que nosotros vemos en el espejo.

Yo fui durante mucho tiempo una mujer acomplejada por la celulitis de mis piernas y por una extraña desproporción que sólo yo notaba entre mi muslo y mi pantorrilla. Nunca jamás nadie me ha dicho que yo padezca de desproporción de pierna ni tampoco he recibido un comentario sobre mi celulitis. Lo que más risa me da es que mi novio dice que tengo las piernas mas bonitas y perfectas que ha visto. ¿Quién juzga mis piernas? Nadie. ¿Quién tiene la razón acerca de mis piernas? Nadie. Les juro que el día que aprendí no sólo a aceptarme, sino a adorar mis piernas, fue el preciso día en que alguien vio en mis piernas un tipo de atributo que jamás me hubiera imaginado. Y, ultimadamente, ¿para qué demonios sirven mis piernas sino para recorrer con fortaleza esta vida? ★

Los estándares de belleza han cambiado tanto en los últimos años que puedo afirmarles que un hombre disfruta más ver una sonrisa que una piel con arrugas, que le gusta más el contenido de una mujer que su porte, o hasta me atrevería a decirles que ha pasado a un segundo plano un cuerpo de revista que se ha suplido por una mujer segura de sí misma.

Créanme. Los tiempos han cambiado y los hombres también. No desperdiciemos tiempo buscando ser personas que nos somos, porque volveremos a caer en el error de vivir a costa de las expectativas de los demás.

Oigan, y ¿les pido algo? Respetémonos entre mujeres. Si Fulanita tiene determinado gusto, es su prerrogativa salir al mundo a lucir su cuerpo desde su muy personal antojo. Sucede mucho que las mujeres lucimos el cuerpo para las demás mujeres. Seamos solidarias y respetuosas.

*Necesitamos aplaudirnos entre nosotras.*

Será imprescindible y casi obligatorio para los tiempos que vienen (y de ello hablaré en el capitulo final del libro) que seamos fraternales y amables entre nosotras, porque no podemos hablar de equidad de género si no hemos erradicado la crítica y la competencia entre mujeres. Enaltezcan siempre a las demás. Por principio.

## • QUERERLO

El cuerpo somos nosotras mismas. No es ajeno; es portador de nuestra mente, pero también de nuestro espíritu. Para mí, la espiritualidad es estar conectada de manera auténtica a quien de verdad somos.

Cuando estamos así, hay amor. No podemos querernos por dentro y no querer a nuestro cuerpo. Es contradictorio e incongruente. Querer al cuerpo implica, desde mi visión, una entera aceptación de que este necesita que entendamos que hay un lugar en nuestros cuerpos de sabiduría y de paz que casi nunca visitamos y que tenemos que frecuentar más seguido, porque ahí, justo ahí, sucede bastante de lo que este libro pretende compartir: la magia.

Ser espiritual no tiene que ver con religión, ni con bum-bum esotérico, ni con ponerse una túnica para subir un monte y conectar con los seres espirituales. A lo que me refiero con ser mujeres espirituales es poder ser mujeres capaces de conectar con nuestro más profundo y verdadero para magnificarlo al más grande y poderoso yo. Meditando se logra.

La meditación construye un cerebro sano y relajado, y es ahí donde las mejores cosas pasan. Ya sabemos que nuestros cerebros son moldeables y la meditación es la práctica por excelencia para forjar la mente que nosotras decidamos tener. Meditar fomenta nuestro control sobre las emociones, la tranquilidad, la lucidez, la calma, los objetivos y las prioridades. Meditar también activa la creatividad y la productividad. Es comparable con hacer ejercicio para desarrollar fuerza en cierta parte del cuerpo. Meditando puedes ejercitar a tal grado la mente que de pronto lo complicado se vuelve sencillo.

No quisiera detenerme mucho en el tema, porque sé lo complejo que es entenderlo desde el exterior. Yo misma conocí el poder de la meditación hace pocos años y recuerdo lo difícil y pesado que era que me trataran de convencer de hacerlo. Lo único que les quiero dar son algunas ventajas que le veo a la práctica y sin duda transmitir mi más profundo deseo de que sean mujeres que tengan esa llave en la vida, la llave maestra, la que abre cualquier puerta.

Crecí creyendo en la magia. Soy una mujer de magia y educo a mi hijo bajo los poderes de la magia. «La magia no existe», me dicen los pragmáticos a cada rato. «La magia sí existe. Medita y luego hablamos», contesto, tranquila.

Si hablamos de éxito, tenemos que hablar de tener una relación estrecha con nosotras mismas, que nos acerque a nuestros sueños desde una consciencia plena de quiénes somos.

Qué rebuscado suena, ¿verdad? No importa. Háganlo. Traten. Denle el beneficio de la duda a la experiencia y desde ahí juzguen. No existe nadie que haya entendido la meditación en su fin último cuyo veredicto haya sido: la meditación es una falacia, no sirve y se siente horrible. Nadie. Meditar es un ejercicio ajeno a muchas de nosotras, pues no hemos crecido bajo esa educación por tradiciones, cultura y costumbres de nuestros países. Sin embargo, es tan habitual en otros que se sorprenderían. La meditación nos enseña a estar con nosotras y sólo desde ahí podremos desarrollar todas las habilidades de las que hemos hablado. ¡No tiren la toalla! Meditar toma varias sesiones de práctica.

Cuando meditamos, entrenamos a nuestro cerebro a enfocarse con intensidad en una cosa por un periodo de tiempo largo. ¡Grandioso! ¡Gran herramienta para todo!

*Cuántas veces han escuchado: «Meditar me*  *cambió la vida». Eso lo dice la gente, porque en verdad cambia vidas.*

Inténtenlo. Tal vez no logren percibir su efecto al principio, pero con el tiempo se empieza a integrar un sentimiento de bienestar un tanto inexplicable. Tenemos que volverlo un sistema. En algún punto notarán que son capaces de enfocarse mejor, que estarán más relajadas, más optimistas, más serenas, más audaces, más atinadas, más perspicaces, más potentes físicamente, con mejor memoria, con menos estrés y preocupaciones, más en paz. ¡Bingo! Meditemos.

¿Ahora entienden mis pausas para respirar durante el libro? ¡Las quería ir preparando! Una vez que lo integremos, verán que será un mecanismo superpoderoso para usarlo durante el día, ante cualquier circunstancia estresante, o un despresurizador de medio día. En la oficina, en la sala de espera, en el coche… donde sea. Solitas se despertarán cada día más incentivadas a meditar diario. La evidencia lo dice. Serán más felices. No hay separación entre nuestra vida y nuestro desarrollo personal. Meditar no es una actividad aparte, es un modo de vivir.

### COMIENZA A MEDITAR HOY

*No más rodeos. Comienza poco a poquito. Un libro estupendo para iniciarse en la práctica es Cambia tu mente, de Paramananda; pero también hay muchos maestros, aplicaciones y lugares dónde aprender.*

*El principio básico es este:*

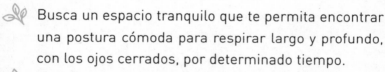

- Busca un espacio tranquilo que te permita encontrar una postura cómoda para respirar largo y profundo, con los ojos cerrados, por determinado tiempo.
- Pacta contigo misma el horario que le destinarás al nuevo hábito.
- Procura estar a solas y en un ambiente silencioso.
- Cierra los ojos y respira muy lenta y profundamente. Concentra toda tu atención en la respiración.
- Hazlo durante cinco minutos y ve aumentando el tiempo gradualmente... hasta que te sientas cómoda.
- Si aparece un pensamiento en tu mente, vuelve a pensar sólo en tu respiración.

## • DORMIR

Hablando de cuidados a nuestro cuerpo, hablemos del poder de dormir. Aunque no lo crean, este es un medio a través del cual una persona puede transformar su vida para bien.

El tiempo pasa y podemos vivir sin darnos cuenta de que el cuerpo necesita dormir más para operar mejor. Sin embargo, no es común que nos percatemos de ello. Las mujeres solemos pensar que tenemos horario ilimitado y que podemos lograr en el día más cosas de las que somos capaces. Fracasar en el intento nos lleva a dormir menos tratando de lograr más, y esto es un terrible error.

Dormir no es opcional. Es personal, pero, sin duda, los seres humanos necesitamos descansar. Cada quien tiene su tiempo óptimo para dormir. Si lo cumplimos, el mundo se facilita, porque actuar con vigor y vitalidad hace la diferencia. Nuestro cuerpo es capaz de desarrollar su máximo potencial si está descansado a su máximo. La diferencia entre una hora y media hora puede ser vital.

¿Han notado la diferencia entre nuestras reacciones cuando estamos bien dormidas o mal dormidas? La vulnerabilidad se exponencia y ni hablemos del mal humor.

El sueño debe ser sagrado si queremos ser mujeres prodigiosas. No hay de otra. Creen sus propios rituales de sueño para darle la importancia que merece hacerlo y hacerlo bien.

Yo tengo muy claro el papel que juega el sueño en mi día a día y por eso me encargo de darle el lugar que merece. Tengo bien diseñado mi ritual nocturno que me predispone y me prepara para tener una placentera noche de descanso. Me disciplíné hace años a no ver tele para dormir y ahora me comprometí conmigo misma a no ver el celular en la cama. Medito unos minutos antes de dormir y también si me da insomnio.

## • EJERCICIO

Cada quien tiene sus razones personales para hacer ejercicio y cualesquiera que sean son celebrables. Hay muchas. Está demostrado que ejercitarnos contribuye a mantener una buena salud y a prevenir enfermedades.

Yo les voy a compartir mi gran razón, y poco tiene que ver con tener un abdomen plano ni con conejos en los brazos. He encontrado que las actividades físicas estimulan mi carácter, mi disciplina y mi toma de decisiones. Ese bienestar mental que impulsa mi autonomía y provoca esa agilidad en mis ideas, en mi creatividad y en mi memoria, volviéndome optimista a tal grado de convertirse en una euforia que me grita que puedo comerme el mundo a bocados cada vez que salgo de mi rigurosa rutina de ejercicio. No lo cambio por nada, y es muy, pero muy recomendable. Es motivante sentirse así y es muy accesible para todas lograr ese estado.

Muévanse, que el cuerpo se los va agradecer y se los pagará con creces. Bailen, caminen, corran por los parques, brinquen como chapulines, siéntanse vivas. Dejen ese corazón latir fuerte y den gracias de por ello.

## ¡A brillar!

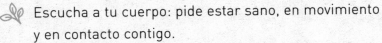 Escucha a tu cuerpo: pide estar sano, en movimiento y en contacto contigo.

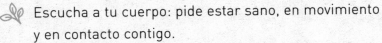 Sé consciente del poder que adquiere el cuerpo al estar bien nutrido y funcionando como debe ser, es ahí donde florece el autocontrol sobre los excesos.

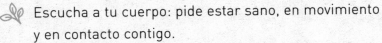 No desperdicies tu tiempo buscando ser alguien que no eres porque caerás en el error de vivir a costa de las expectativas de los demás.

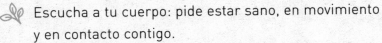 La meditación construye un cerebro sano y relajado, y es ahí donde las mejores cosas pasan.

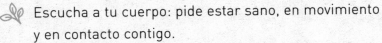 El sueño debe ser sagrado si quieres ser una mujer fuerte y poderosa.

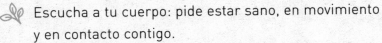 Baila, camina, corre por los parques, siéntete viva. Deja a ese corazón latir fuerte y da gracias de por ello.

# La nueva fraternidad entre mujeres

**H**abrán notado ya en mí a una mujer que cree fervientemente en el poder de las mujeres unidas como motor de crecimiento e inclusión social, como fuente de luz y de amor, y como necesidad prioritaria para el buen funcionamiento del mundo. Nos encontramos en un momento histórico en el que no solo es pertinente voltear a ver a las mujeres y la fuerza con la que nos estamos reivindicando, sino que además es de vital importancia que nos pongamos todas manos a la obra. Necesitamos impulsar con urgencia nuevos cambios estructurales para eliminar los factores que nos impiden lograr lo que deseamos. Desde luego, tienen que haber compromisos políticos y reglas de los altos mandos para poder operar en igualdad. Sin embargo, mi propuesta es no esperar a que sucedan los cambios, sino entrar en acción y hacerlos realidad: comprometernos nosotras con nosotras, antes que con con nadie. Un pacto de mujeres antes de cualquier cosa.

## • ADIOSITO A LA ENVIDIA

Tenemos que reconocer que todas en algún momento de la vida hemos tenido sentimientos de envidia. Desear lo que la otra posee ha sido parte de nuestra historia en algún punto de la vida. Y, peor tantito, desear que la otra no posea lo que posee también lo hemos llegado a pensar. La envidia puede hacernos actuar de manera muy poco racional y, sobre todo, muy absurda.

¿Cómo vamos a dejar de envidiar? Muy fácil.

Hay que tener en cuenta el daño que nos hace y lo mucho que nos distrae en el camino a ser mujeres exitosas. Tenemos que entender que compararnos con las demás es muy negativo y, sobre todo, inútil. Por más que busco, no encuentro ningún buen resultado o experiencia positiva en ser envidiosas. O sea, en pocas palabras, ser envidiosas es una gran pérdida de tiempo, porque no suma y sí resta, y mucho.

Algunos sentimientos negativos tienen una función clara, y si vivimos en conciencia, podremos detectar por qué y para qué se nos presenta ese enojo, ese miedo o esa tristeza, y cómo podemos crecer a partir de ahí.

La envidia no nos hace crecer en lo absoluto. Desear lo de la otra nos pone en un lugar de inferioridad y eso sólo se genera en la baja autoestima.

La competencia existe y siempre existirá; pero que compitan dos empresas por ver quién vende más jabones, o que compitan dos deportistas para ver quién corre mas rápido, o que compitan miembros para eliminar monopolios... Pero competir entre mujeres debería ser delito.

Si entendemos que el éxito de una le abre puertas a las demás, comenzaremos a aplaudir los triunfos ajenos. Imaginen la diferencia entre una diseñadora de moda que envidia a otra diseñadora de modas por haber abierto su tienda de vestidos, ya que siente que le está quitando la oportunidad a ella y desea que le vaya mal en su nuevo emprendimiento... comparado con una diseñadora que entiende la relevancia y la repercusión tan positiva que tiene en su carrera que otra diseñadora abra una tienda de vestidos para promover y fomentar la compra de creaciones mexicanas... ¿Me explico?

¿Por qué no mejor competimos dentro de nosotras mismas en el sentido de volvernos más competentes? Dos diseñadoras de moda podrán dedicarse a lo mismo, pero jamás serán lo mismo, nos estamos reivindicando y podemos construir nuestros propios nichos desde donde sobresaldremos de la mejor manera, con constancia, disciplina, y todo lo que ya hablamos que nos acerca al éxito. Que cada una domine su área y sus dones únicos, pues son esos los que son nuestros y de nadie más. Celebremos el triunfo de las mujeres, porque, lejos de quitarnos, nos da mucho, mucho.

## • EL MIEDO A LA CRÍTICA

El miedo al fracaso está sobrevaluado. Nos da mucho miedo la crítica. Tendemos a preocuparnos demasiado por las opiniones externas sobre nuestras iniciativas e ideas.

Nadie aquí va a negar que duele y que se siente feo que critiquen tu trabajo, ese que con tanto esfuerzo has realizado por determinado tiempo. Pero analicen de verdad el porcentaje que lo critica, comparado con el porcentaje que lo valora. Un mal comentario en nuestro blog nos hace sentir mucho peor que lo bien que nos pueden hacer sentir diez comentarios positivos a nuestro trabajo. Eso está mal.

Si nos basáramos en esta lógica, la de frenar o dejar de hacer las cosas por el miedo a la crítica, la solución sería vivir haciendo cosas aburridas, por las que nadie nos critica, pues pasarían desapercibidas. O mejor aún, no hagamos nada para asegurarnos cien por ciento de que nadie nos critique, como unas lindas plantas que nacen, se reproducen y mueren.

¿Qué duele más al final del día, no hacer lo que quieres o la crítica que puede surgir si lo haces?

Desde luego que no hacerlo. La vida es demasiado corta como para elegir el camino de la mediocridad y en especial, ¡por miedo a la crítica!

La curiosidad nos distingue del conformismo. Somos mujeres con deseos de saber, de conocer, de averiguar. Eso nos mantiene en nuestro estado natural de descubrir el mundo y sus miles de formas. Nuestros corazones laten bien fuerte en la medida en que tengamos curiosidad; de otra manera, sin interés y sin inquietud, nos arriesgamos a hacer mal uso de nuestro tiempo sin hacer lo más valioso en la vida: saborearla.

No podemos violar los códigos morales ni sociales y ser mujeres que hablen mal de otras, ni que inventen situaciones, ni que hablen sin tener certeza de lo que dicen. Lo que dice Juana de Ana, dice más de Juana, que de Ana.

La mala reputación no es algo que nos aporte en el camino a ser mujeres que cambiarán una sociedad. Si no son buenas guardando secretos, díganlo: «Oigan, a mí ni me cuenten, porque saben lo mucho que me gusta contar las cosas», así de sencillo. No se perderán de nada, porque no lo sabrán y estarán utilizando su tiempo en cosas más valiosas, además de que las amigas apreciarán su honestidad.

## • ¿QUÉ ES LA SORORIDAD?

El libro está por terminar y hay un sentimiento nostálgico en mi corazón que me avisa que las voy a extrañar cuando cierren este libro, porque de alguna manera el buen rato que llevamos juntas aprendiendo tantas cosas, recorriendo un mundo de historias y armándonos de herramientas para salir al mundo, me hace, desde ya, ¡quererlas!

Me ilusiona que terminen inspiradas, motivadas y con un alma bien fuerte.

¿Les digo ahora qué quiero? Que todas esas almas fortalecidas y listas para comerse el mundo estemos juntas, y por ello quiero hablarles de mi propuesta final, que tiene que ver con nunca soltarnos de la mano y hacer cadenas de mujeres que vamos hacia la misma estrella. Eso es la sororidad.

Dice el sabio proverbio africano: «Si quieres llegar rápido, ve sola; si quieres llegar lejos, ve acompañada». Y yo lo he llamado siempre: «Juntas somos dinamita».

**La sororidad es un poderoso pacto entre mujeres de solidaridad y apoyo en nuestro camino al crecimiento personal y desarrollo profesional,** mediante el cual se logran los cambios sociales que las mujeres queremos ver. Es una relación de hermandad femenina que busca crear redes de apoyo incondicionales desde las cuales la transformación pueda suceder de manera genuina.

La sororidad propone ser mujeres unidas más allá de ideologías, religiones y culturas. Es un acuerdo de soporte, alianza y colaboración colectiva en el que el éxito de una lo celebramos todas, porque sabemos que una puerta que se abre, lo hace para que las demás también podamos seguir avanzando.

Es creer que nadie está por encima de las demás y que una mujer empoderada nos empodera a las otras. Un lugar desde el cual no nos juzgamos, sino que nos respetamos y nos damos las manos para llegar a la cima sin dejar atrás a nadie.

Es entender que juntas somos más potentes y nuestra voz llega más lejos; juntas podemos crear un mejor mundo. Una alianza de mujeres compartiendo con complicidad y confidencialidad su realidad, para trabajar en cambiarla a un lugar más sano, más libre, más pleno. Una catapulta que nos impulsa a todas.

Desde un punto de vista lingüístico, la palabra tiene la misma raíz latina que *fraternidad: frater*, 'hermano'. Sin embargo, aquí la raíz es *soror*, 'hermana', y es una palabra que comenzó a escucharse en los años setenta, cuando guerreras y valientes mujeres comenzaron a hablar sobre igualdad de género. En México, la acuñó la académica, antropóloga e investigadora Marcela Lagarde, a quien admiro profundamente.

# Sororidad

Pero más allá de definiciones y lenguaje, quiero compartir con ustedes la relevancia de la sororidad y por qué todas y cada una de nosotras debe ser parte de este movimiento.

Son años de trabajo y esfuerzo buscando que las mujeres tengamos los mismos derechos que los hombres y seamos vistos todos como seres igualmente valiosos. La carrera no ha estado fácil, pues estrechar la brecha de la inequidad resultó más complejo y más arduo de lo que pensábamos; pero estamos muy cerca de lograrlo y debemos ser parte de la enérgica fuerza que impulsa esta iniciativa para no dar ni un paso atrás y agilizar los cambios que harán, sin duda, un mundo mejor.

Decía que antes de hablar de equidad de género, necesitamos hablar de equidad entre nosotras, de sororidad, porque la inercia de vivir en un mundo controlado por el género masculino durante tantos años nos aisló y detuvo que el desarrollo de las mujeres creciera a la par que el de todos los seres humanos del planeta, lo que dio como resultado la falta de sentido de equipo que tanto se requiere para avanzar.

Necesitamos hacer equipo. Estar juntas. Ser catapulta de las demás. Apoyarnos para saltar obstáculos. Compartirnos información, ser empáticas y compasivas. Ayudarnos. Ayudarnos mucho.

El éxito se contagia. La sororidad ha llegado y es momento de dejar atrás cualquier rivalidad entre nosotras. Tenemos en nuestras manos la oportunidad de hacer un pacto de mujeres que nos responsabilice de ayudarnos incondicionalmente, y sé que nadie quiere quedarse fuera, porque sé que entienden el nivel de necesidad que hay de que las mujeres le aportemos al mundo.

¿Qué pasa si dejas de leer el periódico un año? Nada. ¿Qué pasa si te sales de las redes sociales? Nada. ¿Qué pasa si dejamos de consumir revistas? Nada.

Lo que sí pasa es que abstraernos de las verdaderas noticias que afectan nuestro entorno más próximo, alejarnos de nuestras reales redes sociales que están hechas de nuestra gente querida de carne y hueso, y olvidarnos de la belleza real de la mujer y su impacto en el mundo, es muy peligroso.

Si partimos de la premisa de que el tiempo es uno de nuestros bienes más preciados, démonos cuenta de que perdemos mucho de ello leyendo, viendo y oyendo información irrelevante que no nos beneficia mucho. Lo que sí puede impactar enormemente es destinar ese mismo tiempo a vernos a los ojos, a ayudarnos y a aprender juntas, colaborando.

Sólo en un ambiente colaborativo podremos lograr los cambios, la mejoras y el bienestar común que deseamos. El cambio social que queremos ver está en las mismas manos que sostienen este libro en este momento. Pero esas manos necesitan de otras palmas para volverse agentes de cambio. Una comunidad unida es imprescindible para acelerar las acciones que nos acerquen a vivir siendo mujeres libres y felices.

No podremos liberarnos de la desesperante violencia de género si no nos hablamos las unas a las otras. No podremos lograr aumentos de sueldo si no nos comunicamos y organizamos para lograrlo todas. No tendremos mejores orgasmos si no nos contamos cómo hacerlo. No se escuchará nuestra voz si no gritamos todas juntas.

Poder impactar y beneficiar a los demás es nuestra responsabilidad, pero también es nuestra dicha, y eso se genera más potentemente si estamos juntas. Las ideas viajan más rápido. Podemos esperar a que las cosas pasen o podemos juntarnos para que pasen las cosas.

¡Juntémonos! La Liga Sororidad es para ustedes. Las invito a formar parte de este movimiento y crecer juntas. Hay mucho por hacer y mucho por aprender. Pactemos hermandad y apoyo. Las invito a inspirar y ser inspiradas en los encuentros que organizo de la Liga Sororidad que fundé con mucho cariño y un ardiente deseo de verlas triunfar:

www.ligasororidad.com

Soñemos en grande y permanezcamos juntas, juntas, juntas.

# • LA FUERZA DE LAS MUJERES UNIDAS

Para estar unidas debemos practicar la humildad a diestra y siniestra, porque esta nos une y no nos separa. Por humildad me refiero a la mujer que no busca ser más que ninguna, sino una más con las demás. Bajarle radicalmente a las ganas de tener muchas cualidades, porque de lo contrario vivimos a merced del ego, y esto tarde o temprano termina siendo fatal, pues nos arroja a comparar, a controlar, a competir y a la tan poco deseable *quejumbritis*.

Las mujeres con más alta autoestima viven bajo la humildad. Dicen por ahí que el truco está en ser humilde y sencilla, aunque sepamos claramente que somos unas fregonas. Operar con humildad nos hará mujeres compasivas, cooperativas y conectadas, que es lo que promueve precisamente la sororidad y en donde suce- de la posibilidad de que nuestro valioso mundo se componga.

Ser mujeres fuertes es fabuloso. Pero ser mujeres que se dejan ayudar, que reciben amor, es lo mejor. Si no, otra vez nos limitamos.

Existen alrededor del mundo infinidad de buenos ejemplos que demuestran que las mujeres unidas somos más fuertes. Los movi- mientos hacia la equidad salarial son visibles gracias a la fuerte voz de grupos de mujeres que se mueven en un mismo sentido.

La violencia intrafamiliar y abuso de hombres a mujeres comienza a dejar de tener fuerza gracias a los acuerdos en- tre grupos femeninos que deciden alzar la voz. El acceso a la educación de las mujeres en muchos lugares del planeta se ha logrado gracias al trabajo de líderes femeninas que han sabido convocar y encauzar con inteligencia este objetivo.

La lucha contra la mutilación genital femenina emerge de mujeres valientes unidas hablando del tema. La tarea por la erradicación de la violación de los derechos humanos de ni- ñas y mujeres nace de nuestros corazones.

Podría citar numerosos casos emblemáticos de institucio- nes, organizaciones, movimientos e iniciativas que muestran alcances y resultados positivos en esta materia. Sé que todas aquí comparten conmigo la certeza de que juntas somos más fuertes y que necesitamos mantenernos unidas en esta época de transición. Somos nosotras las que formaremos parte de esta construcción hacia un mundo más justo, un mundo más contento, un mundo mejor.

*LA ARRAIGADA DESIGUALDAD ENTRE LOS SEXOS Y LA DISCRIMINACIÓN HACIA LA MUJER SE TERMINARÁN CUANDO TODAS LAS MUJERES DEL PLANETA NOS UNAMOS PARA ACABAR CON ELLA.*

# • DECÁLOGO DE LA MUJER CON ESTRELLA

Compartan, corran la voz, pero, sobre todo, sean ejemplo. No nos sirven más los discursos ni las filosofías de vida. Tampoco los sermones ni adoctrinar. Hagan más y hablen menos.

*Tomen decisiones y sorprendan al mundo actuando.*

1) **Pásenla bomba.** Hagan más de lo que más les gusta. Las mujeres con estrella no necesitamos irnos a divertir, nos divertimos.

2) **Sean el ejemplo** y, para serlo, sugiero que se conviertan en mujeres especiales. Muy sanas y muy fuertes. Las mujeres con estrella viven las situaciones negativas de la vida de manera muy sana y desarrollan una extraordinaria capacidad para disfrutar los malos ratos que vendrán y se irán durante nuestra existencia.

3) **Aprecien con mucha intensidad los pequeños placeres** de la vida y agradezcan todos los días tener la posibilidad de vivirlos.

4) **Tengan siempre buena actitud**, porque esta se contagia, y entiendan la vida desde una perspectiva más sencilla y menos compleja.

5) **Sean mujeres muy centradas y aterrizadas en el hoy**; llenas de alegría, tranquilas, valientes y, lo más importante, trabajen todos los días en ser una mejor versión de ustedes mismas.

6) **Dejen de atender de más a sus circunstancias**, porque esto las vuelve prisioneras de lo externo y de lo que no pueden controlar. Dejen de inventarse necesidades, pues en realidad es muy poco lo que requerimos para ser felices.

7) **Demuestren una gran fortaleza cuando renuncien** a las cosas que pensaban que las hacían felices (dinero, pareja, aprobación, comodidad, paz). Ninguna situación, por más adversa que sea, nos impedirá ser felices. No esperemos vivir siempre en un estado perfecto, porque no existe. Lo que existe es el dinamismo, los cambios, las altas y bajas.

8) **Tengan su cerebro bien domado.** Denle órdenes e instrucciones: «Querido cerebro, ahora que este hombre te acaba de decir que no te quiere, no te caerás al piso a llorar, sino que lo convertirás en una lección de vida, y más adelante, en una anécdota». «Sí, señora, lo que usted diga», te responderá en seguida.

9) **Digan adiós a los apegos.** Vivan más ligeras y no le den tanta importancia a las cosas.

10) **Rían más.** Mucho más. Ocúpense en vez de preocuparse.

*La felicidad es lo que hacemos*
*con lo que tenemos.*

Sientan la vida. Vean el mundo como un privilegio en el que no hay razones para quejarse. Tenemos todo para ser felices.

Así que, disfruten un buen té, un abrazo, una copa de vino, una mirada, un atardecer, un buen libro… De eso está hecha la vida.

¡A gozar, a triunfar, y que viva la vida!

## ¡A brillar!

La envidia es el mayor distractor en el camino a ser una mujer exitosa.

Aplaude los triunfos ajenos para que el éxito de una le abra puertas a las demás.

Mantén siempre vivo tu deseo de descubrir el mundo y sus miles de formas.

Erradica los chismes: sé una mujer que nunca habla mal de otra.

Únete al pacto de solidaridad y apoyo entre mujeres hacia un camino de crecimiento personal y desarrollo profesional.

Comparte información, sé empírica, empática y compasiva. Ayuda a otras. Ayuda mucho.

Sueña en grande.

Permanezcamos juntas.

Participa en los encuentros de la Liga Sororidad (ligasororidad.com), fundada con mucho cariño y un ardiente deseo de verte triunfar.

P. D. Les escribí una carta para que se la lean a sus parejas y ¡no los hagan leer el libro entero!

# CARTA A LOS HOMBRES

Querido hombre:

Te escribo con el corazón en la mano y lo hago porque te quiero y me importas. Porque representas a la mitad de la población del planeta en el que a ambos nos tocó vivir y somos juntos corresponsables de la creación de más vida.

Han pasado años, décadas y siglos en los que he tratado de decirte varias cosas que expresan mi sentir, pero, por alguna extraña razón, no me he atrevido y hasta he contemplado la posibilidad de estar hechizada, pues de alguna manera siento que me come la lengua el ratón y se me encogen las tripas cada vez que busco comunicarte mis más grandes anhelos.

Los astros se alinearon y la vida me ha regalado un proceso fascinante que no sólo ha roto el hechizo, sino que ha depositado en mí la claridad y el temple para poder, finalmente, decirte lo que pienso.

No te asustes con lo que te voy a decir ni prejuzgues mis nuevas adquisiciones por sus vocablos. Estoy motivada, empoderada y creo en la sororidad. Te repito: no te asustes. No voy a quemar mis brassieres ni voy a dejar de quererte. No pretendo irme de casa ni atribuirte mis problemas. Descuida, no quiero competir contigo ni considero que tú y yo somos iguales. Sólo pienso que tenemos los mismos derechos a ser felices. Tampoco renunciaré a mi feminidad ni abandonaré a la familia.

Todo lo contrario. Esta carta, querido hombre, es para reiterarte mi necesidad de ti. Pero quizá no me había sabido explicar claramente.

Estoy empoderada y, por ello, tengo la confianza en mí misma que me abrirá las puertas para realizar mis sueños. Esos que quizá no te había contado, pero que más adelante te compartiré.

Voy a necesitar que tú también confíes en mí y que me recuerdes a cada instante que, como tú, soy capaz de lograr lo que me proponga.

Entiendo el valor del trabajo y, por ende, valoro mucho tu esfuerzo y quiero ser parte de las personas que con su don único cambian el mundo, porque me siento responsable de darle a la vida lo mucho que ella a mí me ha dado.

Te necesito. Necesito que me compartas herramientas de crecimiento, porque, como tú, tengo ganas de experimentar el éxito. Necesito que si mi deseo es salir a trabajar en aquello que me haga feliz, tú contribuyas a las labores domésticas, porque me toman más tiempo del que tendré para ellas. No te apures si no tienes talentos en casa, seré agradecida y muy flexible.

Si soy inusualmente dispersa, será porque me encuentro desarrollando mis habilidades, apasionada por ellas y tratando de aportar un bien a los demás. Te necesito atento y observador por si detectas en mí alguna cualidad que, desde tu perspectiva, pueda o deba explotar. Te necesito franco y generoso. Te necesito honesto y cuidadoso, y, sobre todo, te necesito reconociendo mi esfuerzo y echándome muchas porras porque, para mí, esto no es cosa fácil.

Agradezco tu existencia. Te acepto tal y como eres. Cuenta conmigo en la adversidad. Te respeto y me alegrará saber que esto es recíproco.

Cuídame y nunca me hagas daño; protégeme y no permitas que me maltraten; hazme sentir los orgasmos más espectaculares; goza al verme volar y no trates de cambiarme. Yo haré lo mismo.

Comprende que soy parte de la sororidad, un pacto universal de apoyo y solidaridad entre mujeres que queremos crecer juntas y lograr un cambio social. Así que te necesito honrado y fiel, para nunca provocar ni incitar que ninguna mujer nos defraude.

Te propongo ser ejemplo para los que nos rodean y para los que vienen. Necesito que te vean tus pares en los festivales del colegio y en las filas del súper. Te necesito criando niños y niñas libres de escoger sus preferencias y sus caminos.

Sé pionero, porque el sólo hecho de imaginarte ahí me excita.

Promulga conmigo que los hombres y las mujeres merecemos las mismas oportunidades; especialmente la de elegir libremente lo que nos haga felices. Dame la mano y empodérame todos los días, porque ahí, y sólo desde ahí, podrás conocer mi mejor versión, la más auténtica y la más amorosa; desde donde puedo mover montañas y abrazarte tan fuerte que a ti, querido hombre, nunca te faltará mi magia.

Atentamente
Una mujer

# AGRADECIMIENTOS

Gracias a Andy por estar orgulloso de verme cumplir mis sueños.

A Daniel por tanto amor.

A mi familia por sus genes y su educación.

A mis amigos por las risas.

A mis *ex* por las anécdotas.

A Planeta por creer en mí.

A los autores que me inspiraron y a quienes releí durante el proceso de escribir el libro.

A Alain de Botton por enseñarme sobre las *Miserias y esplendores del trabajo*.

A Daniel Coyle por enseñarme sobre el talento en *The Talent Code*.

A Viktor E. Frankl por enseñarme sobre una vida con sentido en *El hombre en busca de sentido*.

A Katty Kay y a Claire Shipman por enseñarme sobre la confianza en *The Confidence Code*.

A Emily Esfahani Smith por enseñarme su visión sobre el significado de la vida en *The Power of Meaning*.

A Sheryl Sandberg por enseñarme sobre las mujeres en el trabajo en *Lean In* y sobre la resilencia en *Opción B*.

A Tal Ben-Shahar por enseñarme sobre el optimalismo en *La búsqueda de la felicidad*.

A Gillian Anderson y a Jennifer Nadel por enseñarme sobre hermandad entre mujeres en *We: A Manifesto for Women Everywhere*.

A Nathaniel Branden por enseñarme sobre querernos en *El poder de la autoestima*.

A Charles Duhigg por enseñarme sobre hábitos en *El poder de los hábitos*.

A Bernard Roth por enseñarme más sobre hábitos en *El hábito del logro*.

A Oprah Winfrey por compartirme su visión de la vida en *What I Know for Sure*, y a su trabajo con Deepak Chopra por enseñarme cosas bonitas.

A Elizabeth Gilbert por inspirarme a ser fuente de creatividad en *Big Magic*.

Gracias a Rafael Santandreu por enseñarme tantas cosas sobre la plenitud en *Ser feliz en Alaska*.

Gracias a Dale Partridge por enseñarme a planear mis proyectos en *Launch Your Dream*.